5
HAJIMETENO
GAKKYU DUKURI
SERIES

気になる子と学級づくり

はじめての
学級づくり
シリーズ5

大和久 勝
Owaku Masaru

丹野 清彦
Tanno Kiyohiko

クリエイツかもがわ
CREATES KAMOGAWA

はじめに

大和久　勝

はじめての学級づくりシリーズも、これで五冊目となりました。

まず、はじめに「班をつくろう」「リーダーを育てよう」「話し合いをしよう」という学級づくりの三つの方法論を明らかにしてきました。これは、学級づくりの基本となるもので、班の指導、リーダーの指導、話し合い（討議）の指導の方法を知ることは、欠かせないものでした。学級集団の質をどう高め、個人の成長・自立を進めていくのか、ワークショップ編、実践編、理論編という展開で、内容濃く、しかもわかりやすく伝えることに努力しました。

そのあと、どうしても大事だと思う保護者との関係づくりについてまとめました。書名の『保護者と仲良く』は、前の三部作と同じように、私たち執筆陣の気持ちを強く押し出したものです。なぜ保護者と仲良くなのか、どのようにしたら保護者との関係を育てることができるのか、対話と共同の大事さを軸にまとめました。

そして、今回は、『気になる子と学級づくり』というタイトルにしました。「気になる子・困った子」の指導については、ずいぶん長く学級づくりの課題となっており、近年、「困った子」は実は「困っている子」なのだというとらえ方が一般的になってきました。

例えば、嘘をついて人を困らせる、人の物を隠す、みんなで使うものを壊す、授業をエスケープする、授業を妨害するなどをしてしまう子も、そうしてしまうわけがあり、実は本人が困っているのだというとらえ方が広がっています。いじめをしてしまう子についても、そうしてしまう背景があって、実は困っている子なのだとわかるのです。

今回は、「気になる子・困った子」は「困っている子」なのだというメッセージを込めています。

第1章のワークショップ編では、気になる子・困った子への指導のポイントを明らかにしています。発達障害の問題にもていねいに答えています。

第2章の実践編では、子ども理解をどう進めるのか、指導方針をどのように立てて具体的にどのように指導を進めていくのか、四氏の実践記録で紹介されています。

第3章のやさしい理論編では、子どもの生活の変化の中での子どもの変化に焦点をあて、子どもの問題状況を明かしています。家庭・学校・地域の変化、大人の変化にも注目しています。さらに、2章の実践を読み開き、それぞれの実践における教師の指導性を明らかにしています。

これまでに刊行した四冊とあわせて読んでいただければ幸いです。

気になる子と学級づくり＊もくじ

第1章

気になる子と学級づくり

ワークショップ編

その1

どんな子どもが気になる子ども？

あの子気になるなあ、
そういう子どもが教室にはいっぱい。
だけど、気にしているあなた、
子どもの傾向や実態を把握していますか？

もしかしたら、ただなんとなく感じているだけでは？
そんなあなたにさようなら。

やってみよう
3つのステップ

1 まず観察する

2 ひらすらほめる

3 関わりをつくる

① 気になる子ども、困った子どもと学校

クラスはうまくいっていますか？　と聞かれたら、どう答えよう……。

うまくいっているのか、いないのか。あなたの物差しは、どこに基準があるのでしょうか。何よりもあなたの言うことを聞いてくれるかどうか、でしょうか。言うことを聞いてくれる、それを指示が通ると呼びます。教師の言ったことが受け入れられれば、あなたも平和でしょうね。ですが、そううまくいくでしょうか。いきません、そんな声が聞こえてきそうです。だから困っているのです、とね。

では、困っていることをおおざっぱに整理してみましょう。

- 教師の言うことを聞いてくれない、反抗する。
- 立ち歩く、暴力をふるう子がいて、毎日がトラブルだらけで大変！
- クラスが落ち着かない、おしゃべりがいっぱいで授業が危うい。

こういうことってあるなあ、思いますね。でも、ちょっと立ち止まってみましょう。それは、子どもが教師の言うことを聞いてくれたら教師は幸せ、だけど子どもはどうなんだろう。

学校は、子どもが成長するためにあるんだよ、忘れないでね。

② どんな子どもが気になるの？

それにしてもどんな子どもが気になるのでしょうか。具体的に気になる子どもをタイプごとに分けてみます。

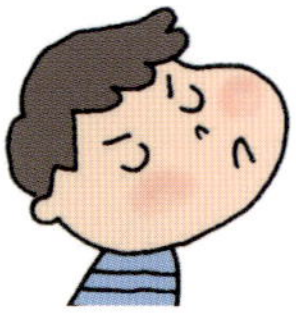

● 言うことを聞かない

教師が注意しても無視。指示を出しても従わない。好きなようにしている子。

● 暴力を振るう、ちょっかいを出す

ちょっかいならまだまし。言葉や態度が荒れている。反抗的ですぐに人をたたく子。困った。

● 発達障害がある

発達障害の診断を受けていますと引継ぎで伝えられた子。でもどうしよう。

● 落ち着かない、立ち歩く

机を揺らす、物を投げる、その上立ち歩く。一体どうなっているんだ。

● やる気がない

誘いかけてもしない。休み時間もひとりぼっち。意欲を感じない子。

● 欠席が多い

不登校の子やよく休む子。暴れはしないから目立ちませんが、配慮が必要です。

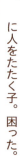

3 まず、どう対応したらいいのかな！

新学期から気になる子どもがいました。しかも、気になる子どもがだんだん増えてきました。困りました。子どもが帰った後の職員室、頭の中はその子どものことでいっぱいです。こういう状態は、あまりよくありません。どうしてか。頭の中が特定の子どものことでいっぱいだと、他の子どもを見ていないことが多いからです。気になる子どもを半分くらい見ながら、もう半分は学級全体を見る。こう心がけましょう。

でも、見るといっても何を見るのでしょうか。

気になる子が起こす、気になるトラブルです。

どういった流れでトラブルを起こすのか。パターンはないでしょうか。また実態を具体的に把握します。一日に何回立ち歩くか、何の教科が多いのかなど傾向を観察します。そして、学級のまわりの子どもたちは、その行動をどう見ているのかも観察し、インタビューして情報を集めます。

大切なポイント

▼気になる子を見すぎない。

子どもを見る視点は、
①学級全体
②リーダー的な子
③気になる子
この三点です。

▼傾向を観察する。

▼まわりの子どもたちの反応を観察し、情報を集める。

④ 対応の仕方は変化・発展しますよ

まず大切にしたいことは観察することです。観察すると、気になる子どもの様子や起こした事件をありのままに再現するように話せるはずです。感情的ではなく事実で話すことができるようになると観察力がついたと言えます。

そこで次の対応法へ発展します。見ることは継続しつつも対応を試す段階へ移ります。うまくいくとは限りません。なので、自分の対応に対して気になる子がどう反応したかを観察します。基本的な対応の仕方は、次の三つのことを試します。

1　普通の対応をとる――気になる子に、「ちゃんとしてね」と、これまでされてきた注意をしてみる。そして、反応を観察する。

相手も経験を積んできているのでうまくいく場合もあります。けれど、たいていはうまくいきません。無視されることになるでしょう。でも、それでいいんです。一つ方法は消えました。前進です。ただ、その時の様子はしっかり観察し、なぜこういった反応をするんだろうと分析しましょう。

2　普通と正反対の対応をとる――これまで注意されてきただろうから、しっかりとほめることが中心です。ひたすらほめる、と自分に言い聞かせます。

だけど、ほめることがありません、と答えたくなりませんか。その気持ちもわかります。でも、注意は効果がなかったのでしょう。指導というのは、注意だけではありません。その気にさせることです。そこでほめてみる。欠席がちな子が来ていたら、「えらい、きょうは朝から来ている」とか、落ち着かない子が席に着いた瞬間「自分から席に着いた」「昨日に比べ、座っている時間が長い」と、朝の早い段階にほめましょう。そして、ほめた日と注意した日とを比較してみましょう。きっとほめた方がいいことが起こりますよ。何よりもあなたもまわりも前向きな気分になれます。

3　子どもに働きかけてもらう――いつまでも教師が頑張り、子どもや学級を引っ張るのではなく、集団やリーダーを育てることを意識しましょう。

働きかけ方は二つあります。一つは直接的な指導、教師の気になる子どもへの働きかけです。もう一つは、教師がまわりに働きかけ、気になる子どもに関わってもらう仕方です。

2チャンネルで気になる子どもに関われば、どれかがうまくいくはずです。子ども同士の人間関係を観察し、働きかけの上手な子を育てる、学級を育てることを意識しここでも試します。試すので当たりやハズレが当然あります。実践とは試すことです。

（丹野　清彦）

その2

立ち歩く、言うことを聞かない子ども

座ってくれ、
祈ったところで変わらない。
座ってください！
叱ったところで変わらない。
いったい立ち歩く子をどう理解し、対応したらいいんでしょう。

やってみよう
3つのステップ

1 パターンを把握

2 好きなことを知る

3 できる約束をする

① 困った子の一番は、立ち歩く子。座ってくれ

学級のことで困っています、と相談を受けると必ず出てくるのが立ち歩く子。立ち歩く子がいて、注意しても言うことを聞いてくれない。それどころか反抗してくる。しかも、まわりの子どもたちにちょっかいを出して、一緒に暴れる子まで出てきました、となると大変です。ずっと立ち歩く、そこまでいかなくても、

- 落ち着かない、いつも体を揺すっている。
- 机のまわりに落とし物だらけ、散らかっている。
- 注意すると言い返してくる。その言葉が荒れている。

どうやったら言うことを聞いてくれ、席に座ってくれるのか。

それには二つの方法があります。一つは、立ち歩く子が座っていたくなるような面白い授業にすること。これもやさしくない？　確かに。

もう一つは、立ち歩いた時に注意したとして、注意を受け入れ席に着いてもらうこと。反抗されず、席に着いてくれるのか。指導の仕方を探ることです。これも大変だね。それだけに、じっと座っている子が立派に思えてきませんか。あたりまえのことができるって、すごいことですね。

② 押さえつけたらいけないの？ 教えて！

押さえつけるとは、きっぱり注意する、強く叱るということです。いわば普通の指導です。それで従ってくれれば、ひとまずいいのかもしれません。ぼくも、落ち着かない子どもに「ちゃんとできんのか」と、おどす口調で言ったことがありました。すると、落ち着いたんです。できるじゃないか、とよろこびました。ところが、別なことが起きました。さて、その行動とは何でしょう。

落ち着かない子に、「ちゃんとできんのか」と、強い口調で迫ったところが……

自分の髪の毛を抜きはじめ、ある場所だけ髪が薄くなりました。

おしゃべりの多い子に「少しは静かにしろ」と、怒鳴ったところ……

「怒鳴るんなら靴をかくすぞ」「モノを盗むぞ」と、おどすようなことを言われました。

困った行動を押さえつけても、違う形で現れるということで、本当の解決にはなりません。

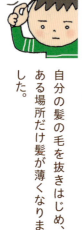

3 できることからほめる。ほめるが一番！

立ち歩く子にどんな対策が効果的なのでしょうか。それはほめることです。しかし、ほめるためには、二つのキーワードが。

キーワードとは「行動を読み取る」と「出番をつくる」です。

「行動を読み取る」とは、どうして立ち歩くのか、立ち歩くという形で何を表現しているのか読み取ろうということです。もしかしたら、「ぼくには、問題の意味がわからない」とか「どうせできない」と嘆いている気持ちが立ち歩きになっているのかもしれません。

「出番をつくる」とは、授業の中で活躍するとまではいかなくても、参加できる場面をつくるということです。立ち歩く子が絵を描くことが好きだとしたら絵を描く場面を取り入れる。場合によったら黒板に描いてもらう。そうやって一時間のその時だけでも座ることができれば、指導の糸口が見つかり、ほめることもできます。行動を読みとり、それにこたえるためにはどうするか、ここを考えましょう。

大切なポイント

▼立ち歩く子は何が好きなのか知る。

▼得意なことや興味があることを授業の話題にする。

▼授業で得意なことをやってもらい大げさにほめる。

４ ほめるから変化・発展。サポーターを育てよう！

　ここまでの指導を振り返ると、実態を知り傾向を分析するためにまず観察する。そして、立ち歩くという行動で何が言いたいのか、読み取ることが大切です。読み取る一方で、立ち歩くこの子は、どんなことに興味があるのか、子どもを知ることが重要です。探りながら、少しでも座っていたら大げさにほめるという形で対応しましょう。このようなことが初めの一か月から二か月の重要なことです。

　次のステップは、できる約束を立ち歩く子と交わしたいですね。落ち着かなくていつも体を揺すっていた三宮くんは、強い口調で注意すると髪の毛を抜き始めました。それに気づいて注意するのをやめました。その代わり、朝、学校に彼が来ると、

「どんな約束ならできるかな」

と、彼に決めてもらいました。自主目標です。朝は、穏やかなことが多いので話し合いになりました。たまに、

「ずっとじっとしている」

と答えるので、

大切なポイント

▼立ち歩くことで何を表現しているのか読み取る。

　そして少しのことでも大げさにほめるを繰り返す。

▼できることを約束や目標にする。自分で決めてもらう。でも無理なことは決めない。

「無理なことは決めないでいいよ」

と話しました。できることを約束や目標にして、できることを増やします。それが子どもたちのやる気につながります。しかも、まわりの見方を変えることにもなりました。

「三宮は、変わってきたな」

「じっと座っている時が増えてきた」

学級の子どもたちの見方が驚きとともに変化します。

こうなると、もう一段発展的に取り組みを進めます。それは、教師と三宮くんとの個別な指導から全体の指導へと変化させます。

「三宮くんが席にじっと座っていたら、先生がほめるから大きな拍手を送ってくれないかな」

打ち合わせます。

「頑張りすぎていたら、無理するなよ、と言ってくれないかな」

緊張を緩めてもらいます。声をかけてくれる人がリーダーになりそうな子であり、仲良しになる候補です。学級の子どもたちが三宮くんに対して、いい意味で注目するようになると彼も学級も落ち着いてきました。きっと大事なものが満たされたんだと思います。

（丹野 清彦）

▼個別の指導から全体へ。学級の子どもたちに気になる子をほめてもらう。まわりの子どもを巻き込む指導へ。

▼三宮くんに声をかけてくれる子が、頼れる子であり、リーダー候補です。

その3

やる気がない、ひとりぼっちの子ども

やる気あるのかな、まったく感じられない
やる気出して！　しかってもダメ、
ほめても効果なし。

暴れないだけいいか、そんなふうにも思えない。
ニコニコ笑顔、笑い声、聞いてみたいです。
どうしたらいいの？

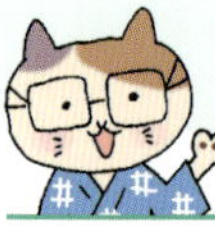

やってみよう
3つのステップ

3 趣味を認め広げる　2 多様な価値観で見る　1 やる気がない裏側を知る

1 なぜやる気がないの。その理由は？

やる気がない。問題を出しても関係ないとばかりに何もしない子。鉛筆を持ち、ノートに書こうとすればいいのだけれど、あからさまに机にうつ伏せている。そんな姿が、ぼくの気持ちを逆なでします。だって、楽しい授業をしようと夕べも考えました。なのに、この態度。やる気がないのなら自己責任。できなくても知らないからと切り離して考えられればいいのだけれど、やっぱりみんなに楽しく学んでほしい。いつも熱い思いでいっぱいです。自分の側からの気持ちでね。でも、子どもの気持ちはどうなっているんでしょうか。

- どうせできない。だって今までもできなかった。無理。
- やったところで間違えてみんなに笑われた経験がある。
- みんなからバカにされ、いつもひとりぼっち。

ある時、子どもに聞くとやっと教えてくれました。やる気がない、それは「できるようになりたい」の裏返しです。ひとりぼっちでいるのは、人に働きかけても相手にされず、傷ついた経験から、学んだ自分を守る方法です。そう読み解くと指導の方向性が見えてきませんか。子どもたちは人と比べられて傷つき、自分に自信がもてない、自分を出せないのです。

② モノと過去とでほめて認める

どうせぼくなんてと、傷つき自己肯定感をすっかり失っている子どもたちを癒し、やる気を取り戻すためには、彼らを認めることです。教師が中心になってほめて認めることです。しかし、やる気を失った分だけ時間と工夫が必要です。

モノでほめ、それが貯まっていくのが目に見えると励みになり、比例してやる気が出てくるよ。一生懸命ほめてね。形式的だと見透かされます。

質問①
毎日ほめているのに子どもはほめられていないと言います。

答え
言葉でほめるだけではなく、シールやモノ、目に見える形でほめてください。

質問②
とてもじゃないけど、ほめることがありません。

答え
みんなと比べるからです。過去の本人と比べて、成長をほめてください。

③ 一見、つまらないことも特技。物差しをいっぱいもとう！

子どもって大人が思っているより、何倍も人と比べ傷つきやすいんです。学校にやってくるなり寝そべっていた大二郎くん。あんまりやる気がないので廊下に呼び出し、

「なんでやる気を出さないの」

と言いました。すると、

「ウウー」

と、うなり始めました。どうしてでしょうか。きっと責められていると思ったんです。だって、これまで教師が呼び出すと注意ばかりされていたはずです。叱られると経験的に学び、身を守ったんだと思います。

でも、何から身を守っていたのでしょうか。それは、人と比べ自分を責める大人からです。子どもたちも自分ができるのか、できないのか、わかっています。だったら学習ばかりでせまらないで、もっと比べることを幅広く増やしたらどうでしょう。一見つまらないことでもすばらしい、そういう多様性を認める世界をつくってあげたいです。みんな違ってみんないいを、あなたの教室で実現しよう。

多様性ってどんなこと

▼給食をたくさん食べること。この子には救われました。

▼絵がうまい子。これは才能です。授業でも役に立ちます。

▼思っていることをズバッという子。普通嫌がられます。

▼何かに詳しい人は〇〇博士。工作がうまい人は職人さん。小さなことを大きくほめよう。

④ ひとりぼっちから班へ。変化・発展させよう！

　大二郎くんは、何が好きだったと思いますか。お絵かきです。絵を描くことが好きでノートのあちこちに落書きしていました。決してうまくはありません。でも、うまいかどうかと思うこと自体、能力主義です。一つのこと、例えば学習ができるかだけを重視することを一元的能力主義と呼びます。それしか重視しないということです。ここではいろいろな価値を認める、多元的な世界に変えようと提案しています。

　絵を描くことが好きで、いつでも描いています。この点だけはやる気がある。だから、落書きから公の世界へ誘い出したいと考えます。

「このお絵かきノートに描いてみて」

　ノートを渡しました。彼は何これという顔をしながら受け取り、描き始めました。趣味の世界を認めます。すると、他の子どもたちが、

「ぼくにもノートをください」

とやって来て、お絵かきブームが生まれます。お絵かきはマンガクラブへと変化し、

「読者は、何人くらいいるのかな」

大切なポイント

▼やる気がない姿はできるようになりたいの裏返し。

▼学習だけで比べないで幅広く価値をもち、多様性を認めるほめ方をしよう。

▼取り組んだ結果ではなく、姿をほめよう。

と声をかけました。自分の世界から他者と関わる世界へ連れ出したかったのです。マンガをお互いに読みあいこしていました。これを読者制度にして登録制にします。メンバーカードを作ります。何か所に登録してもかまいません。週二回発行するところもあれば、一回のところもあり自由です。大二郎のマンガは、ぼくから見ればわけのわからないストーリーですが人気でした。そこで他の子どもに、

「一緒にマンガを描こうよ。ぼくが販売するから」

と、共同で活動することをもちかけてもらいます。こうやって、

趣味の世界、好きなことを認めて共同へ広げます。

人と関わりそれが楽しいと感じるようになると、つながりが生まれ以前のような無気力ではありません。そうなると、社会の学習を新聞にまとめようとか、四人班で壁新聞をつくろうとか、あるいはマンガ大会を学級でしようなどと発展していきます。好きなことから広げましょう。

（丹野 清彦）

▼個別の指導から全体へ。〇〇名人や博士として学級のどこかに位置づけよう。

▼人との関わりが生まれるような言葉かけが重要です。

▼同じ趣味や興味で愛好会や学級クラブをつくらせ流行らせよう。

COLUMN 1

気になる子、ショウはクラスの応援団

長谷川 望（新潟）

今までたくさんの「気になる子」に出会ってきました。その中で私が感じていることは、「気になる子」ほど「おもしろい」ということです。「おもしろい」とは、発想の豊かさ、フットワークの軽さ、みんなを巻き込んでしまう魅力的なところなど、こちらが思いもしない力を秘めています。私が「おもしぇ〜」と感じたエピソードの中から、「ショウと応援係」を紹介します。

二年生のやんちゃな男の子、ショウ。しょっちゅう友だちとケンカ、教室でもおしゃべり、授業中「静かにしれて！」とクラスのみんなからよく注意されていた。ショウは、注意されてもへこたれず毎日パワー全開だった。

三学期のはじめ、新しい係を決めることになった。そこで、ショウが提案したのが応援係。仕事内容は、クラスが落ち込んでいる時に応援するというもので、ショウは一人でこの係を担当することになった。学校では、毎年二月にクラス対抗大縄大会が行われていた。三クラスあった中で、一番まとまりがなく、大縄をうまく跳べない子が多かった。試しに跳んでみると、一年生の頃の記録に達することができない。大縄大会の目標を決めるため、話し合う時間を設けることにした。子どもたちは、ひとまず達成できそうな目標を立てた。それから毎日、雪も降り寒い中でも、休み時間の練習を続けた。やはり「さ〜めっけやめよれ」「そんげに練習するのやら〜」「遊ぶ時間がないこて〜」と不満を言う子どももいた。

どんどん跳べる回数は増えていくものの、体育の時間に三クラスで競ってみると、他のクラスにはかなわない。そんな中、活躍したのが応援係のショウだった。練習の結果が良かった日も悪かった日も、毎日帰りの会で「エイエイオー！」とクラスのみんなを応援し、「明日もがんばるぞ！」と気合いを入れてくれたのだ。本番が三日後に迫った体育の時間、なんと最高新記録を出し、学年一位に躍り出た。そして本番。子どもたちは練習の記録を更新し優勝してしまった。子どもたちの真剣な表情と、優勝が決まった時のとびきりの笑顔は今でも忘れることができない。この日の帰りの会で、ショウはこんな言葉を言った。

「みんなで跳べてよかった。みんなで優勝できてよかった」

大縄大会を通して、まわりの子どもたちから頼りにされ、認められていった。これからも「気になる子」がキラリと輝き生かしていける、そんな学級づくりができる教師でありたいと思う。

comment

●望さんは新潟の山奥の学校で働く、子どもが大好きな人です。まだ働いて10年たちません。けれど、保護者からも子どもからも人気です。

気になる子を面白いといえるところに望さんの風変りとも感覚のいいともいえる感性を感じます。こういう感覚は年数ではなく、ある意味才能です。

●ショウを一人応援団にしたところが実践の転機です。空気を読めないのか、毎日自分の役を果たし応援しました。こういう場面がつくり出せるのは、子どもの個性を把握しているからです。そして、教師がうまく演出しているからです。このような演出する力を大切にしたいと思います。

（沖縄・丹野 清彦）

その4 知識編

発達障害には、どんな特徴があるの？

発達障害って知っている？
もちろん。でも、詳しくは知らない。

だったらここで、整理しよう。
見方が変わるよ。
本当に。

やってみよう
3つのステップ

3 特徴＋性格　2 障害の特徴を整理する　1 発達障害とは

① 発達障害とは、大まかにどんなこと？

「発達障害」(注)という言葉は以前からあったものではありません。教師に対して不満をもち攻撃的な「荒れた子どもたち」はそれまで見てきましたが、発達障害の子どもたちが気になってきたのは、二〇年近く前のことです。「発達障害」の子どもの様子と「荒れた子どもたち」の様子は違います。実はその頃私のクラスに「発達障害」が疑われた子どもたちがいたのです。けれど当時は「発達障害」という概念がなかったので、私は今までの子どもたちの荒れとはちょっと違う子どもたちの騒ぎに、何が起きたのかとかなり戸惑いました。

ちょっとした理由で怒り始め暴力を振るって教室を飛び出す。しかし、しばらくするとすっきりとした顔で戻ってくるのです。私に対しても敵意をもっているわけではなく「どうして飛び出したの？」と聞くと「聞いてくれよ！」と言わんばかりに泣きながら話をするという具合の子どもたちでした。しかし、また腹を立てると自分の頭をガンガン壁にぶつけたり人を叩いたり暴言を吐くのです。そして、そのパニックが収まると、またいたって落ち着いた状態に戻るのです。身のまわりの物の整理ができず、机のまわりはゴミだらけだったりすることもありました。

叱ってなおるものでもなさそうなので、週に一度スーパーマーケットの袋に散らかったものを入れて持って帰るようにしたこともあります。今までの荒れた子どもたちとは明らかに違っていました。そこで私は彼らを「パニックボーイたち」と名づけました。

2 どんな発達障害があるのかな。整理してみよう

どんな発達障害があるのか、整理してみましょう。

あなたはどんな障害を知っていますか

最近はどのクラスにも発達障害を疑われる子どもが複数いることが当たり前になってきました。二〇年程前から気がかりになってきたこの子どもたちについての研究書もたくさん出版され、次第に発達障害についての理解が深まってきました。

現在では発達障害は生まれながらの脳の機能障害であることがわかっています。

（注）発達障害という言葉は、「発達障碍」「発達障がい」とも書くようになりました。これは「害」という言葉を使うことは不適切ではないかという考え方が広がってきたことによります。「○○障害」という名付けは、他にもたくさんあります。人権の視点から考えるとこれらの言い方も、やがて変わっていくかもしれません。

<table>
<tr><td colspan="2">LD
（学習障害）</td><td>基本的には全般的な知的発達におくれはないが、聞く、話す、読む、書く、計算する又は推論する能力のうち特定のものの習得と使用に著しい困難を示す様々な状態を指すものである。学習障害は、その原因として、中枢神経系に何らかの機能障害があると推定されるが、視覚障害、聴覚障害、知的障害、情緒障害などの障害や環境的な要因が直接の原因となるものではない。（文部省、1999）</td></tr>
<tr><td colspan="2">ADHD
（注意欠陥/多動性障害）</td><td>年齢あるいは発達に不釣り合いな注意力、及び/又は衝動性、多動性を特徴とする行動の障害で、社会的な活動や学業の機能に支障をきたすものである。
また、7歳以前に現れ、その状態が継続し、中枢神経系に何らかの要因による機能不全があると推定される。（文科省、2004）</td></tr>
<tr><td rowspan="2">広汎性発達障害</td><td>高機能自閉症</td><td>3歳位までに現れ、①他人との社会的関係の形成の困難さ、②言葉の発達の遅れ、③興味や関心が狭く特定のものにこだわることを特徴とする行動の障害である自閉症のうち知的発達の遅を伴わないものをいう。また、中枢神経系になんらかの要因による機能不全があると推定される（文科省、2004）</td></tr>
<tr><td>アスペルガー症候群</td><td>知的発達の遅れが伴わず、かつ、自閉症の特徴のうち言葉の発達の遅れを伴わないものである（文科省、2004）</td></tr>
</table>

3 発達障害のある子どもの見方、受けとめ方

図で示すと図1のようになります。三つの輪が重なっている部分があります。また三つの輪の外側にグレーゾーンの子どもたちがいます。発達障害は重複している場合が多いということです。

また、ADHDの子はすべてのことに注意欠陥だということではありません。

興味をもったことには大変な集中をします。広汎性発達障害もそうです。「こだわったこと」についてはとことん、突き進み優れた成果を出すことが知られています。

また、図2のような示し方も知的障害（精神遅滞）との関わりがわかり、理解しやすいかもしれません。

発達障害と知的障害との重複がある場合もあります。また自閉症のため、知能検査ができず（検査不能）、知的障害と間違って診断を受けたのではないかと思われる子も現場で見てきました。

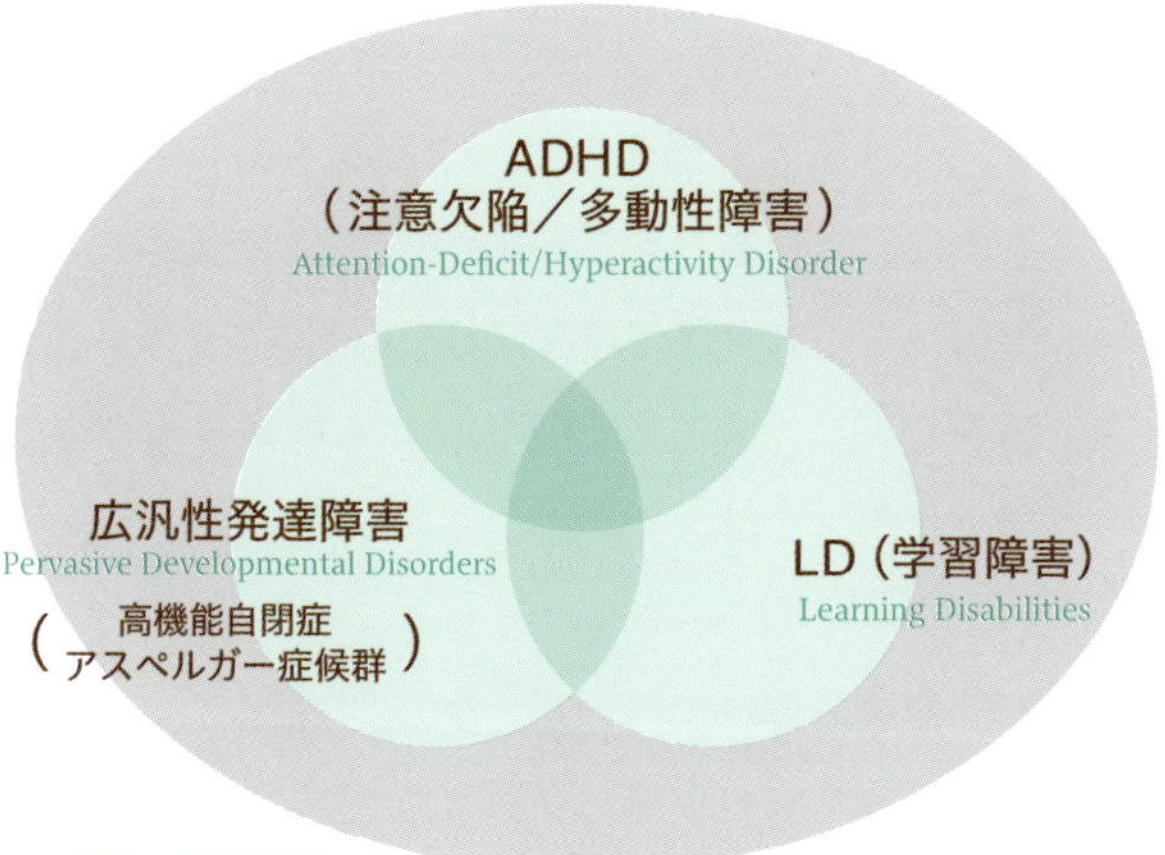

図1　発達障害

＊2013年5月から、広汎性発達障害を「自閉症スペクトラム障害」という用語で統一するようになりました。

文部科学省（文科省）の診断基準は「現在の研究の成果はここまで発達障害について理解が進んできた。これからもっと理解が深まる」と考えた方がよいかと思います。

文科省の基準は、元々はアメリカ精神医学会の「精神疾患の分類と診断の手引きDSM－4」によるものですが、二〇一三年五月から「DSM－5」ではアスペルガー症候群、高機能自閉症を広汎性発達障害としていたものを、「自閉症スペクトラム障害」という用語に統一するようになり新基準ができました。発達障害はアスペルガー症候群、高機能自閉症と二つに分かれるのではなく、スペクトラム、連続性であり二つに分けられないものだからです。しかし、アスペルガー症候群、高機能自閉症、広汎性発達障害という言葉は医師からの診断の中にも今でも使われていますし、私たち現場の教師にはその子どもを理解する上で「DSM－4」の診断基準は今でも使いやすくわかりやすいと思います。

（今関 和子）

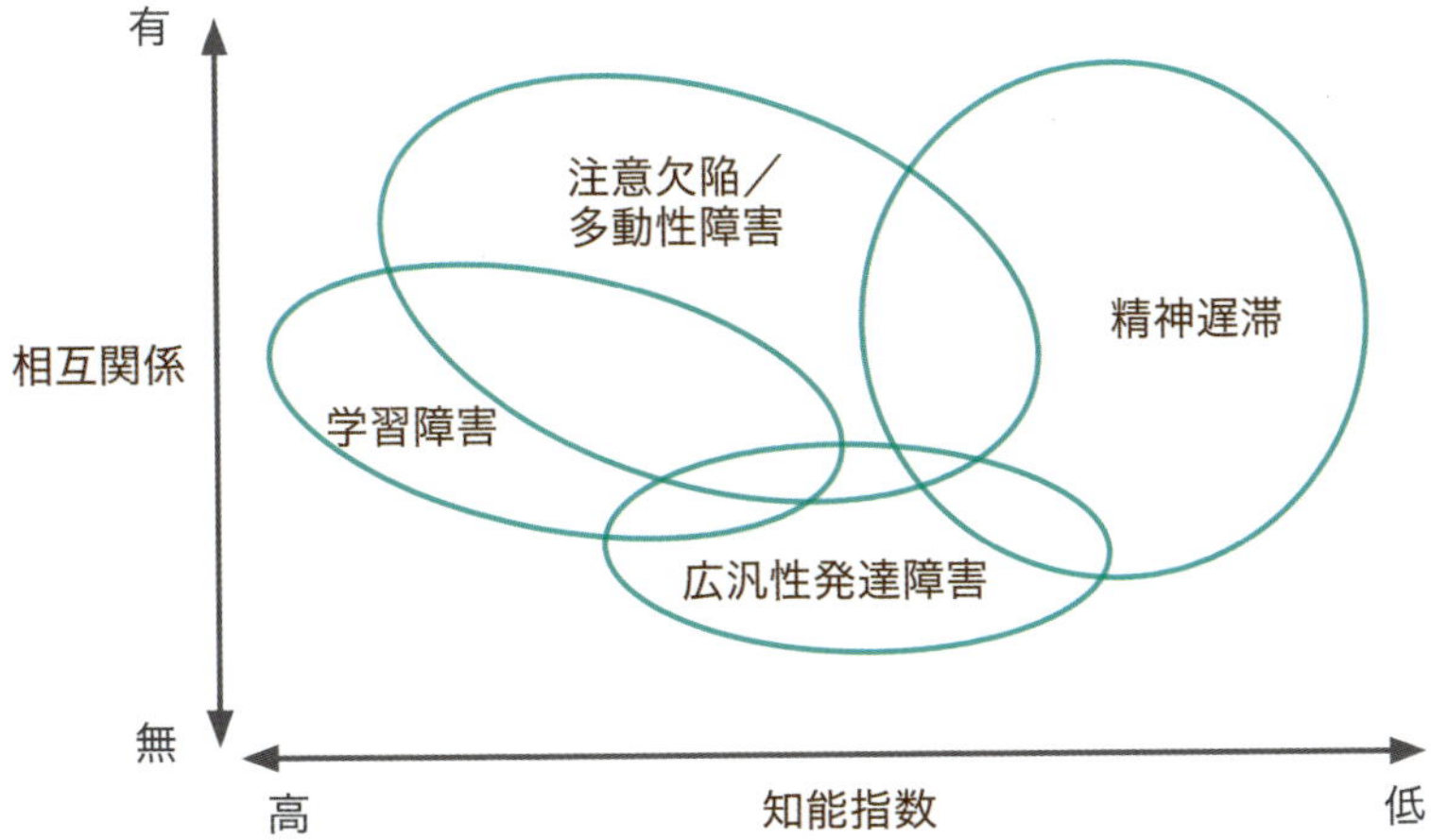

図2　発達障害の相互関係
（アメリカ精神医学会の精神疾患の分類と診断の手引き　DSM-4）

その5 事例編

発達障害、実際にどう対応したらいいの？

発達障害の子に
具体的にはどう対応したらいいの？
甘くしてもいいのかな？

そこらへんがわからなくて揺れています。

やってみよう
3つのステップ

1 決めつけない

2 障害の特徴を見る

3 子ども同士の関係へ
結びつける

① 発達障害があるからと決めつけてはいけないよ

「あの子はADHDだから落ち着かない」

「アスペルガーだからささいな事にこだわる」

などという決めつけは要注意です。人はみんな一人ひとり顔も体も性格も違うのですから、そのような「○○だから」という決めつけは間違いです。発達障害とは、私は、「極端に偏って表れている気質、性格」と捉えています。そして子ども（人）は、それぞれにケアが必要なように、発達障害（傾向）の子どもには、その子の気質に合ったケアが必要です。ということは、どの子どもにも、その子どもにあったケアが必要であるということです。また気質的偏りが重度の場合は、さらに特別なケアをする必要があるわけです。

もう一つ、注意したいことは発達障害（傾向）の子どもたちは、その気質・性格により育てにくい場合が多く見られます。従って家庭で虐待を受けたり、幼稚園・保育園などで不適切な指導を受け育ってきた子どももがいます。

小学校入学の時点で、すでに不適切な養育・指導の中で「二次障害（不適切な養育のために自尊感情を歪め、暴力的・攻撃的な新たな障害を負うこと）」を負っている子どもも多く見られます。診断がある、なしに関わらず、またどのような養育の中で育ってきたのかを考慮しながら、指導していくことが必要です。

2 どう指導したらいいのかな。事例で考えよう！

では事例をあげ指導の仕方を考えましょう。

三年生のカイト（ＬＤ）は、話をしているとなかなか知的な物言いをします。知的な障害はもちろんないのですが、いざ勉強となると全くお手上げでやろうとしません。できません。しかも、一、二年の時学級が崩壊していたので他者信頼の力は育たず、クラスの子どもたちには攻撃的でした。授業中はひたすら机にうつ伏せていました。文字は書かない、書けない、計算もできない。何もやらないのです。そして休み時間になると、必ずやトラブルになり暴力をふるうのです。勉強どころではありません。

さてどうしたものか考えましたが、担任の私がカイトを信頼することであり、カイトが私に必要とされていることをわかってもらうことだと思いました。カイトは私の助手としてプリントにハンコを押したり、教頭先生へお手紙を届ける仕事をすることが学校での勉強？になりました。学習以前のところで立ち止まっていたからです。カイトはＬＤでしたが、ＡＤＨＤの子も広汎性発達障害の子にも似たような状態がみられることがあります。学習をしないで、動き回る。教室を飛び出す。奇声を上げる。どれも「なぜ、そん

発達障害を理解するために知っておこう

▼発達障害のある人は他の人より能力が低いわけではありません。むしろ才能を見出している人たちがたくさんいます。モーツアルト、アインシュタイン、トム・クルーズなど名前を上げたらきりがありません。

日本では最近、自閉症の当事者である

なことをするのか?」と疑問をもつ人もいますが、すでに二次障害を引き起こしていることで、キレやすく、パニックを起こしやすくなっていたり、人に対して攻撃的な行動が出やすくなっていることがあります。私は、まずはカイトが私に心を開くことに力を入れました。時間はかかりますし教師の忍耐力が試されることですが、ここが指導の大事な初めの一歩です。

クラスの他の子どもたちにはカイトが「通級学級」に行っている日には、カイトのことを説明したり、カイトの指導に協力してくれることを、担任の私が子どもたちに感謝しているとしばしば話しました。カイトがいる時には手をかけてあげられない子どもたちに、気持ちを注いで接しました。そして、カイトを巡って日常的に起こるトラブルには双方の言い分を聞き、時間をかけて納得できるよう指導しました。

「それでは勉強ができないではないですか?」という声が聞こえてきそうですが、ここでしっかり子ども同士の関係を築けば、その後、子どもたちは協力し合いながらむしろ、(教え合ったりしながら)順調に学習が進んでいくのです。

カイトは、二学期の途中から学習をすることを課題にできましたが、その土台となったのは学級の子どもたちのカイト理解が進んだからです。

東田直樹さんの書著『自閉症の僕が飛び跳ねる理由―会話のできない中学生がつづる内なる心』(エスコアール、二〇〇七)、またタレント(モデル)の栗原類さんも自身の著書『発達障害の僕が輝ける場所をみつけられた理由』(KADOKAWA、二〇一六)、自らの育ちを綴っており発達障害理解の参考になります。

③ ADHD、LD、アスペルガー症候群の疑いがある子ども

●コウタの場合

ADHD、LD、アスペルガー症候群の疑いがありました。コウタは四年生まで、クラスはもちろん学校を飛び出し自転車で校外を走り回っていた子でした。授業が始まっても机の上には何も出ていません。鼻歌を歌っていたり、席を立って出歩いたりしていました。私は始め何とか教科書を出させようと、コウタと小競り合いになったこともあります。叱っても何の効果もなく「ゴメンチャブダーイ！」などと言って取り合いません。困ったものだと思いましたが、ここからがスタートでした。他の子に要求することをやらせようとしてもだめなのです。

私は四年間も勉強というものをしてこなかったコウタに、一日六時間も勉強しろというのは拷問に近いことなのだろうと思い始めました。そして「一日に一〇分勉強したら、よし！」と自分に言い聞かせました。その目標で私はずい分自分がやさしくなったことに気づきました。コウタはこれまで学級飛び出しやらで、すっかり問題児扱いをされてきましたから、他者不信の強い子でした。

大切なポイント

▼コウタに合わせた目標。一〇分勉強したらよし。

授業中に不機嫌になり、ぷいとクラスを飛び出すことがありました。私はクラスの子どもたちに
「コウタを探してほしいけど、お願いだから引きずって連れてくるようなことはしないでほしい。肩を抱いて連れてきてほしい」と頼みました。
教師は何事も一人でやろうとしないで子どもたちに協力を頼むものです。実は子どもたちは荒れていて協力してもらうにはとても頼りない子どもたちだったのですが、コウタ捜索やらがかえって子どもたちに自信をつけたように思います。
五年生も終わるころ、コウタの母から電話がありました。
「今日は漢字のテストがある。できないから行きたくないってコウタが言うんです」と電話の向こうで母が言いました。勉強なんかどうでもよかったコウタがこんなことを言い出すとはびっくりしました。私は思わず母に
「できないから行きたくないなんて、コウタさんにとって革命的な出来事じゃないですか」と言いました。「できるようになりたい」と言い始めたのです。うれしくなりました。それから私はコウタと一年生の漢字から練習を始めました。
コウタは中学校に行って、やはり理解されずに不

▼個と集団。学級の子どもたちに頼み協力してもらう。まわりが育ちます。

▼できないから行きたくない、それは革命的な変化。言葉から成長を読み取ろう。

▼学習の指導は、本人の希望と合意をつくり個別に行おう。

登校になりました。
紆余曲折しながら、コウタは二七歳で定時制を卒業し働いています。

●シホの場合

一、二年で担任したシホはADHD、LDと診断されていました。当時クラスには、他にも発達障害の子どもたちがいたので、発達障害という言葉を知らなくとも、子どもたちの中では「○○ちゃんはこんな子」と個性を理解することができ、シホもクラスで楽しく過ごすことができていました。しかし、私は転勤し三年になってクラス替えと共に、シホはまわりの子から非難の的になり、不登校になったという話を伝え聞きました。保健室登校をしながら何とか卒業をしましたが、中学校になっても似たような状態でした。

毎年、年賀状は届きます。「先生に会いたいです」と。三年生、六年生の時に会いました。学校はつまらないこと、いじめられることを話してくれましたが、解決につながる支援はできないまま連絡を取り合う関係は、今でも続いています。あの頃、シホは毎日帰り際、目を輝かせて「せんせい、あしたもくる！」と言うのがあいさつでした。私は「あしたもおいで！」と言っていたのですが、その言葉に深い意味があったことに、その後気づきました。

「先生が好きだから、クラスが楽しいから。明日も学校に来てもいいわ」という意味だったのです。
シホは、二三歳になった今、不登校から引きこもりになり、時折アルバイトをしています。継続的な就労はまだまだです。私が今シホに対してできることは、シホとつながっていることなのではないかと思っています。「あなたのことを気にしているよ」という人がいることも意味のある大事なことだと考えています。

4 発達障害と「ビタミン愛」、子どもはゆっくり育つ

発達障害傾向の子が増えたのはなぜか。現代社会が実に子どもたちにとって生きづらい社会（競争社会、大人も子どもも生活に追われる忙しさ・ゆとりのなさ、貧困、環境問題、それぞれの特技・技能・個性をあまり必要としないＩＴ社会の問題）であることが大きな原因の一つであると言われています。

発達障害という概念がなかった時代にも、実は発達障害の子どもはいたのです。私も、教師生活の中で「あの子は発達障害だったのだな」という子どもが何人もいます。けれども、その時はそれなりに指導していたのです。もちろん今のように発達障害について理解が深かったら、もっと適切な指導ができたかもしれないとは思いますが、当時の指導は決して間違っていなかったと思っています。

教師が子どもの言動に共感的に接すること、なぜそうしたのか理由を聞きとること、その上でその子ができる一歩一歩を課題にしてできたことをよろこび合う中で、子どもたちは育つという点では、発達障害であろうがなかろうが同じです。発達障害の子どもたちは〝子ども理解の原点〟をより深く私たち教師に教えてくれました。研究的な理解と同時に、教師の子どもたちへの「ビタミン愛」と子ども理解が何より大事です。

（今関 和子）

その6

欠席がちな子ども、不登校の子ども

休みがちな子、気になりませんか。
あなたが悪いのか、まわりの子か、
家庭の問題か。
原因を探すより　来たくなる学校に！
いったい何ができるでしょう。

やってみよう
3つのステップ

1 無理に連れてこない

2 保護者の相談相手に

3 行きたいを待つ

① なぜ学校を休むのか

不登校や欠席がちな子どもへの対応は気を使います。原因にしても複雑で、個別に異なりますが、大きく四つのケースがあると思います。それは次の場合です。

まわりとうまくいかない。いじめがある。友だちがいない。

親と離れたくない。一緒にいないと不安でたまらない。

先生が怖い。激しく叱られて行く気がしない。

学校の体制が子どもにあわない。息苦しい。だから行けない。

原因を解決すれば登校できる場合と、原因がはっきりしない場合があります。大切なことは、どんな支援が必要か考えることです。不登校になると早期対応として、一日でも早く登校できるようにと考える傾向がありますが、子どもの安心を一日でも早く取り戻すことが、子どもの立場に立つ早期対応です。

2 子どもが不登校になったら

子どもが学校を休み始めたら家庭訪問をすると思いますが、そのポイントは二つです。

第一は、「先生は、あなたを無理矢理に動かすことはしないよ」というメッセージを、言葉と行動で伝えることです。
第二は、親の不安をやわらげることです。

親がいらついていると、子どもは学校を休んでも、いつまでたってもエネルギーがたまりません。ですから、悩みを聞くことで親を落ち着けることが、何よりの子ども支援となります。朝起こす時に過剰な言葉で迫り、いやがる子どもを車に押し込んで学校に連れて行ったり、ゲームを無理矢理に取り上げたり…。虐待に近いことをする親も珍しくありません。それほど追いつめられ、親の心は疲弊しています。親は「子どもを支援する人」であると同時に、まわりの人に「支援してもらう人」でもあります。

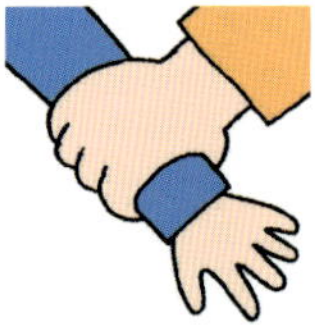

無理やり学校へ連れてくることはしない。

家庭訪問は朝ではなく、放課後や夕方行く。

親の不安や焦りをやわらげる。話し相手になり責めない。

子どもの好きなことで話をし、コミュニケーションを重視。

③ 学校へ行ってみようかな

不登校の子どもの不安がやわらぎ、「教室に行ってみようかな」と思うようになるには、どのような支援が必要なのでしょうか。それは一対一↓小集団↓大集団などの大人が考えたスモールステップを踏ませることでもなければ、放課後登校や保健室登校をしながら、だんだん学校・教室に慣れさせていくこととは限りません。キーワードは、「〜したいをまわりの子どもたちと一緒に実現する」です。

中学二年生の時に不登校になったアカネは、学校には行きたくないけど、放課後の部活動には行きたいと思うようになりました。部室に行くタイミングがむずかしいので、部活動が始まる前に保健室に行き、友だちに迎えに来てもらうようにしました。養護の先生はやさしかったけど、保健室はアカネにとって居心地のよくない所でした。

でも、部活動に参加したいので「おりあいをつける」ことができました。そうしているうちに、友だちと「お笑い芸人」の話をしたいという思いをもつようになりました。友だちと話をしていると、頭の中で膨らませた不安の世界が、小さくなっていく気がしました。教室に上がることもしてみました。あれほど怖い所だった教室が「な〜んだ、意外と平気じゃん！」と思えました。自分がやりたいことを実現する中身や目的があれば頑張ることができました。

④ その子にとって、必要な時間

サトルは小学校高学年の時に不登校になりました。担任が宿題をしていない友だちを激しく怒る姿に、恐怖を感じたそうです。母親と一緒に車で登校した三日目に、担任に車から引きずり出されたのを最後に、全く登校しなくなりました。大人の男性がとっても苦手になりました。卒業式は自宅でしました。中学校の入学式にも出ず、その後三年間、サトルは制服に腕を通すことをしませんでした。中学の担任は不登校に理解のある人で、毎週金曜日の放課後に家庭訪問をしました。サトルは声が小さく話し下手だったので、お母さんを介して会話をしました。

中学二年生の時に、メダカを育てることに興味をもちました。インターネットでメダカ屋さんを調べ、母親と一緒に行ってみました。メダカ屋の店主が「夏休みになったら手伝ってよ」と声をかけると「明日から来ます」とサトル。それから、電車を乗り継いでのメダカ屋通いが始まりました。メダカ屋の店主が「『いらっしゃいませ』の声が小さいなあ」と言うと、サトルは「いらっしゃいませ」を大きな声で言う練習を風呂場で毎日しました。エサやり、注文の対応、メダカ選び……。朝は、何も言わなくても自分から起きてきました。メダカ屋の店主やお客さんは男の人でしたが、ふつうに話をすることができました。メダカをかけ合わせる技術も学びました。

中学三年生になると、サトルの家で飼うメダカが増えて、水槽は百を超えました。自宅のメダカの世話が忙しくなり、メダカ屋に通う日にちが減りました。一年生の時からずっと家庭訪問をしてくる担任に、メダカのことを生きいきと話しました。その一つひとつの話に「すごいねえ」とうなずく担任。「メダカの世話があるから、高校には行かない」と言っていたサトルでしたが、定時制高校や通信制高校の情報を得ることで、高校進学を目指すことにしました。卒業式の日は、学生服を着て初めて中学校に行きました。制服を着た登校は、三年間でこの一日だけです。今では毎日高校に通っているサトルに、

「すごいね。前のように学校が嫌になったりしないの」

とたずねると、

「それは、今はない。でも、そうなったらそうなった時に考えるかな。あの時は、学校に行こうと思っても行くことはできなかった。保健室や不登校の人が通う所（教育支援センター）も嫌だった。何か強制されそうで……。かといって学校を休むのも苦しかった。メダカの世話をするようになって楽しかった。いろんな人に出会えたし……。それから、今のような生き方ができるようになった気がする。あの時間（不登校）は、ボクにとって必要だったと思う」

と、答えてくれました。

私は、この言葉を聞いて、どうしてか、涙が流れてきました。人にはそれぞれ流れる時間があり、速さが違うということだ、と思ったのです。

サトルにとっての不登校・ひきこもりは、克服する「敵」ではなく、自分を守り、支えてくれる「味方」のような存在なのでしょう。ゆっくりでいい、子どもの側から言い出すのを待つゆったりとした構えが必要です。

（加嶋 文哉）

COLUMN 2

勝ち負けにこだわる子

井上 知久沙（神奈川）

私は滋賀県出身で神奈川県の学校で支援学級を中心に働いています。ナオは、アスペルガーの診断を受けていて、人が好きで積極的に友だちと関わりをもとうとする子でした。特に活発な男子グループと一緒に遊びたい！という気持ちが強く、休み時間は、七、八人のサッカーグループに毎日入って遊んでいました。

勝ち負けにこだわるナオ。そのたびにケンカになっていた。

「ナオ、次やったら一週間サッカー禁止や！」

ハルヤが言った。しかし、二日後には、また同じけんかが起こる。なんとかしなければと、がんばりカードを作ることにし、遊ぶ時に気をつけることを二つ決めた。①負けても怒らない。②ルールを守る（変えない）。できたらシールを貼ることにした。ルールも毎日確認した。しかし、簡単にはいかない。次は「五回怒ったらサッカー禁止な」。遊んでいるハルヤたちが、言いたくなる気持ちもわかるが、遊んでやってるのに、という見下した感じを変えたかった。ナオの特性を理解してもらい、互いに付き合い方を学び成長していけないだろうかと悩んだ。

ナオは自分は嫌われてるんや、と感じ交流級へ足が向かなくなり、学校も遅刻や欠席をすることが増えてきた。しかしある日、突然ハルヤたちが放課後支援級へ来て、

「おれたちも言いすぎたから、ナオに謝りたいです」

と、言ってきた。私は、歩み寄ってくれたことがとてもうれしかった。

「ありがとう。今日ナオ休みやねん。代わりに先生が聞くわ」

すぐにナオに電話で伝えた。

「ナオ！　今ハルヤたちが、おれらもナオに言いすぎたからごめんなって言いに来てくれたで」

ナオがよろこぶと確信していた。しかし、ナオの反応はほとんどなかった。私は何でやろ、とわからなかった。ナオは現実味を感じていなかったのかもしれない。私が代わりに聞くのではなく、ナオが学校へ来たときに、直接ハルヤたちからナオへ話してもらう場を作ればどうだったのだろう。それができなかった未熟さと、それをお願いできなかった私と子どもたちとの関係性の希薄さ。どこか遠慮している自分。交流級の担任に相談できなかった自分。ナオがハルヤたちとつながる大きなチャンスを逃してしまったと後悔している。

comment

●ハルヤたちが謝りにきてくれたことは、まわりの子の理解を得ようとしていた先生にとってうれしい出来事でしたね。そして、ナオが無反応だったことに気づいたことも押し付けようとしない先生の人柄が見て取れます。素直によろこばなかったのは、ナオが心のどこかでうまくできない自分を責めていたからかもしれません。がんばりカードも時にはできない自分を見える形にするものだったかもしれません。

●しかし、実践の中でピンチの後にチャンスが訪れたように、またチャンスはやってきます。ナオの許可も必要でしょうが、ハルヤたちと語る時が来ると思います。その時こそ、ナオの想いや先生の想いをじっくりと伝えてもよいのではないでしょうか。(大分・小野 晃寛)

その7

手ごわい女子グループ、どうしよう？

何が不満なんだろう？
どうして私たちだけ？　そう言われても……
いや、そんなことない！　特に気を配ってるのになぜ？

おだやかに過ごしたい、笑いながら話したい。
もしかすると、相手もそう思っているのかも
でも、どうすればいいの？

やってみよう
3つのステップ

3 反抗を読み解く　2 よさを認めほめる　1 対話できる関係づくり

1 距離を保ちながら願いを聴き取る

「修学旅行のグループとか日程とか寝る時間なんかは、先生が決めるんじゃなくて、実行委員をつくって一緒に考えていこうと思うんだけど、どうかな？」

女子グループのリーダーたちに放課後、さりげなく相談をもちかけます。普通先生から相談されることなどめったにないので、相談にのっているうちにふだん話せないことも話せるような雰囲気ができあがってきます。バリアがとれ、話す表情もやわらかくなっていきます。去年のクラスの様子を話してくれたり、積極的に実行委員になったりと、ぐっと距離が近くなってくると、こちらの気持ちも楽になってきます。最初は相談という形をとりましたが、次第にクラスの人間関係のことやロープジャンプ大会に出たいということ、教室では見せない姿のことなどの話ができる関係ができてきます。でも、気をつけたいのは、教室で彼女たちと親しそうにしているところを離れたところから見つめる他のグループの視線です。一つの女子グループにどっぷり浸かってしまうのは、対立するグループから見ると、かなりイラつくらしいのです。危険です。

女子グループとは、対話することが大事なポイントですが、まずは対話できる関係づくりがスタート地点で求められることです。

女子たちは、男子のことをどう思っているのでしょうか。

私　「男はやっぱりだめだよなあ。さっぱり役に立たないね」

女子「でも先生、面倒なことはしないけど頼んだことはちゃんとやってくれる」

女子「そうだよね。みんなで歌う歌詞を書いてきたけど、読めなくてわたしたちが書き直したこともあったよね」

尋ねてみると、良いところもそうでないところも、素直に受け入れている感じがします。女子だけで何かをする時には、お互いの主張を繰り返すだけで、まとまりません。最後まで平行線のまま、徐々にきびしい空気感が漂ってきます。しかし、男子がいるとおちゃらけて面白いし、抜けていることが多いので、フォローしなくちゃいけないと思ってしまう。それに、立派にやれなくても、みんな楽しんでるからいっか、と許せちゃうと、女子たちが話し出しました。

真剣に取り組んでいるので譲らない女子のグループは、対立するとかえって、グループ内での結束が強くなってしまいがちです。でもそこに異質な男子が存在するだけで、対立する空気はほぐれていきます。時には男子から、

「お前ら、いつまで言い合ってんだよ。自分のことばっか押しつけたって何にも進まないだろ」

と、もっともな指摘を受けることもあります。

2 あっという間に広がる同調行動。もうだめかも

「なんでこんなまじめな子が提出物をいっさい出さなくなってしまうの??」

また、宿題ノートに丸をつけていると、最後のページに「コメントは書かないでください!」と、ノートでの対話をも拒否する言葉が書いてありました。

廊下ですれ違う時に避けるだけでなく、教室では逃げるように離れていくこともあります。授業での机間巡視で反抗の最前線にいる子のそばを通る時、「ここは通らないで!　向こうを通って!」と宣言するだけでなく、『通行禁止』の張り紙を机にします。

「ここを通らないと同じ所を行ったり来たりするからそれはできません」と答えるけど、机間巡視をするのにも気を使わなければならなくなります。通ろうとすると机ごと持って避けるような仕草を見せます。目立つグループの子がこんな行動をとると、周辺の子どもたちも、その雰囲気を感じます。坂道を転げ落ちるスピードよりもっと速く同調していきました。

困ったこと

▼普通の子が、反抗する子と同じ行動をとる。

▼何を言っても「言い訳」ととらえて聞く耳をもたない。

▼反論や否定的な反応を肯定的に受け止めることができない。

3 なかなか対話ができないけど、どんな関わり方をするの？

「なんでわたしたちだけ怒るの？　注意するの？　同じことしていても、わたしたちだけ怒られる」

会話がかみ合わないことが多いのですが、思っていることを語ってもらうことにする。言いたかったことは全部聞いて、その一つひとつに対して説明すると、

「言い訳ばかりしやがって。全然わかってない」

と、話が進まない。話し合うと言ってもいつもこんな終わり方になってしまう。嫌な感じの話し合いですが、彼女たちの不満を聞いて話をすることが大事なこと。だからといって何かが解決したわけではありません。

黒板に貼ってある女子のネームプレートにチョークが付き、

「先生が黒板消すから、これ汚れたでしょ！」

と、抗議してくる。これまでなら反論してきたが、言い訳ばかりとなってしまうので「気づかなくて悪かったね」と謝る。そうすると、彼女たちは、そのまま引き下がり、言い争いになることはありませんでした。ささいなことだけど、自分が言ったことを認めてほしいのかもしれません。

大切なポイント

▼良いところを見つけて認めていこう。たとえ否定的な反応が返ってきても気にしないこと。

女子グループには、特に頑張っていることや、よいところを見つけて認めていきます。「歌う声がすごくきれい。もっと全体をリードしてくれるといいな。これだけ歌える子は、去年はいなかったよ」とか、「ノートはよく整理できている。あなたは考える力があるね」などです。しかし、話しかけても目が合わず、「うざっ」「むりっ！」と、否定的な言葉が返ってくるでしょう。でも、聞いているからこそ反応し、反応するということは伝わっているということです。「隣の先生の授業、すっごく楽しかった」と、交換授業のことを大きな声で、嫌がらせのように話す。でも、本当は『授業さっぱりわかんない。もっと楽しい授業にして！』というメッセージなのだと読み取りましょう。大切なことは否定的な言葉の裏にかくれている思いを読み解くことで、「わかった。もっと楽しくて、わかる授業にしたいと思ってやってみるよ」と、伝えることです。

反発することで連帯感を強めているのかもしれないし、抱えたつらさから身を守っているのかもしれない。そういう見方をしつつ、私は受けとめるよ、とこちらもメッセージを送ることが必要です。

手ごわいのは、大人になろうとしているからです。

（佐々木 大介）

▼女子グループの反抗は、本当は何を表現しているのか読み取り、受けとめましょう。

▼なんでも明るく前向きにとらえて対応しよう。

▼「受けとめるよ」と、メッセージを伝える。相手は大人になろうとしているんだと思うことです。

その8

家庭が壊れている子、解決の糸口は？

ご飯を食べてない。忘れ物も多い。そのうえ提出物もいい加減。
もう子どものせいじゃない。
親がダメなんだ！

だけど、そう言うだけで解決しますか。

どんな家にも悩みがあります。

1 家族の形を知る

2 話ができる関係をつくる

3 親同士をつなぐ

① 子育ては家庭の責任、それホント？

そもそも子育てをそれぞれの家庭に任せきりにしていいのでしょうか。というのは、それぞれの家庭で子育てはするものだという考えは、そんなに昔からのことではないからです。かつては隣近所で、あるいは地域で子育ては助け合っていたものです。近所のおばさんが、わけ隔てなく地域の子どもを叱ったり、叱られて家を飛び出した子を、近所で預かっていたりしていました。近年、地域で人々が支え合って生きることができなくなってしまったために、様々な問題が出てきています。

一般的には、父、母、子どもがいる家庭を「標準家族」といい、これが「普通」の家族と思われがちですが、これは一九七〇年代の高度成長期に爆発的に広がった家族の形です。標準・普通の家族と印象づけられ、思い込まされています。しかし、今離婚は三人に一人といわれています。ですから、この標準家族も減っています。家族の形は多様化しています。ここでは「父、母、子どものいる標準家族」「母子家庭」「父子家庭」という形に関係なく、生活する上であるいは子育てをすることに関して、「家庭が崩れている」中で育っている子どもたちの事例を考えてみます。

② 家庭の役割を果たせない家

ヒカル（四年）は父とヒカルの二人暮らしです。母はどうやら家を出て行ってしまったようです。

ヒカルの父は長距離トラックの運転手でした。一週間もいないことがあります。父はヒカルに一週間分の生活費を渡すのですが、子どものことですから三日もすると食べ物がなくなってしまいます。ヒカルは朝からイライラしています。そして暴力を振るうということもあるので、養護教諭の先生に頼み、ちょっとしたものを食べさせてもらいました。ヒカルにとって栄養補給の大事な時間は給食です。いつも山ほど食べていました。

しかし、昼近くお腹がすいてイライラし始めせっかくの給食を「いらねえ！」と食べないことがあります。私は山盛りの給食をヒカルのために用意しておいて、気持ちがおさまった頃、誰にも見えないところで食べさせました。けれども、これは一時しのぎです。

長距離のドライバーの父が一人で子育てをするのは無理でした。私はヒカルにお米の炊き方を教えましたが、一人でできるものではありません。服装も不潔になっていきます。誰かヒカルを養育してくれる親戚はいないものかと思いました。

ヒカルが時々祖母の家に行くという話を聞きました。そこで私は祖母に直接電話をしました。今の環境ではヒカルは、栄養不足、家族的な関係がない中での生育で、やがては問題行動が起こる（すでに起きていましたが）ことが予想されるので、ヒカルを育ててくれるところはないだろうかと率直に話しました。祖母は父（息子）と話し合い、ヒカルは祖母が育てることになり、転校していきました。半年後、運動会を見に来たヒカルは体もがっしりとし、表情も明るくなっていました。

3 経済的に恵まれていても、何かあるかもしれない

キヨミは医者の娘でした。それなりにお金もあり豊かな暮らしぶりに見えました。ところが、家庭訪問に行くと母親の顔つきがとても暗いのです。どうしてだろうと思いつつ、学校に戻りました。

キヨミの話を職場の先生たちにすると、キヨミの家は、父はほとんど家には帰らず、別宅で女性と暮らしているのだということを教えてもらいました。なるほど、それでは気持ちが明るいわけがありません。結婚して家に入ってしまった主婦が離婚して経済的に自立することはとても難しいことです。それで、愛人と暮らしている夫でも我慢しているのだろうと思いました。

「私はこの子が淑女に育ってくれればと思っています」と言っていた意味がわかる気がしました。母親にとってはキヨミが救いだったのでしょう。キヨミは塾通いをして私立の女子中学校に進みました。

キヨミの家族のように、形は整っていても家族関係に様々な事情があり、人には言えない事情を抱えている家族もいます。「何かあるかもしれない」ということを頭に置いて子ども、保護者に接すると子どもや親への配慮、そして理解が深まるのではないでしょうか。

④ 虐待が疑われる

ナオトは継父と母、弟が三人の六人家族でした。ナオトだけが継父の子どもではありませんでした。ナオトはなかなかやんちゃな子でしたから、結構トラブルを起こしました。それ以上に、家庭訪問に行った時、母親から継父が強情なナオトを叱って玄関に正座させているという話を聞き、これはまずいと思いました。実子でないということで、邪険に扱われ、虐待されている子はよくいます。

母親も今の夫に遠慮してそれを見逃さざるを得ないようでした。

私は意を決して継父と話をすることにしました。

「ナオトはやんちゃですから手を焼いて大変でしょう。つい厳しく接しがちになりますよね」と共感的に接しながら、虐待（叩く、蹴る、この場合は玄関に正座）が成人後もその人の人生に悪影響を及ぼすことを、虐待という言葉を使わずにやわらかく伝えました。

叱る時はナオトが納得するように話して聞かせるように、そして、合間合間に『大変でしょうから、つい手も出したくなりますよね』という言葉を入れ、継父のプライドが傷つかないよう、慎重に話しました。

大切なポイント

▼虐待してしまう親にも理由や事情があることを配慮する。

▼親の子育てのしんどさに共感しながら話を聞く。

その後、母親に継父の様子を聞くようにしました。以前よりは少しよくなってきたようです。「虐待はいけません」と校長などを伴って家庭訪問をして、かえってそれが親のプライドを傷つけ、もっと悪い状況になったという例もありますから、慎重に行わなければいけませんが、厳しい現実を知りながらも何もしないのもよくないことです。

児童相談所への通報、民生委員との連携も大切です。「注意が必要な家族」として、今は、児童相談所でチェックすることもできますから、教師としてできることをしていきましょう。

▼誰もが認められたいという願いをもっていることを認識する。

▼教師ひとりで解決できないことは多い。福祉機関との連携を。

5 大切なことは、家庭を支えるつながりをつくる

アキラの母親はシングルマザーです。離婚後、一般職のパートで働いていて収入が少なく、経済的に大変そうでした。そこでアキラの母は昼間の仕事と深夜のコンビニでレジの仕事をすることにしました。アキラは「ママは夜も朝もいないから、ぼくがチンして、妹にご飯を食べさせるんだよ」と、よく言っていました。

「えらいんだね」と言って励ますことぐらいしかできません。

「三つも仕事をかけ持ちしないで、夕方からは家にいるようにしたらどう

▼子どもが自分の生活を語れる関係をつくる。

でしょう」というアドバイスを教師はよくすることがありますが、私には、そうはアキラの母には言えませんでした。深夜だからこそ、多少賃金が高く、それでも子どもが病気になったら休むこともあり、深夜に余分に働かないと生活できないのです。そういった生活基盤の事情は見えました。子どもを中心に考えましょうとは、やたらには言えません。

私は母親に時間がある時、彼女の生活上の大変さをできるだけ聞くことを大事にしました。

「大変な中がんばっているのね」「体を壊さないようにね」「できることがあったら相談にのりますよ」「資格をとってみたら」、などつながること、励ますこと、愚痴の言える相手になるように努力しました。

「気晴らしになるから」と、私の誘いにアキラの母も息抜きに、クラスの飲み会には参加してくれました。そこから、他の母とも知り合いになり、アキラのことを気にかけてくれるつながりが、少しずつ得られるようになってきました。

他の親や地域のつながりをつくり出していくことが大事だと思います。生活は相変わらず大変そうでしたが、アキラを支えてくれるクラスの親ができました。何かあった時にお願いできる関係を親同士の間でつくっていくことは大事です。

▼親と連絡を取り合い、生活の大変さをできるだけ聞く。

▼そして励まし、愚痴の言える相手になるよう努力する。

▼他の親と知り合いになり、親同士の関係をつくる。

不安！
朝ごはん、晩ごはんを
きちんと食べているか心配

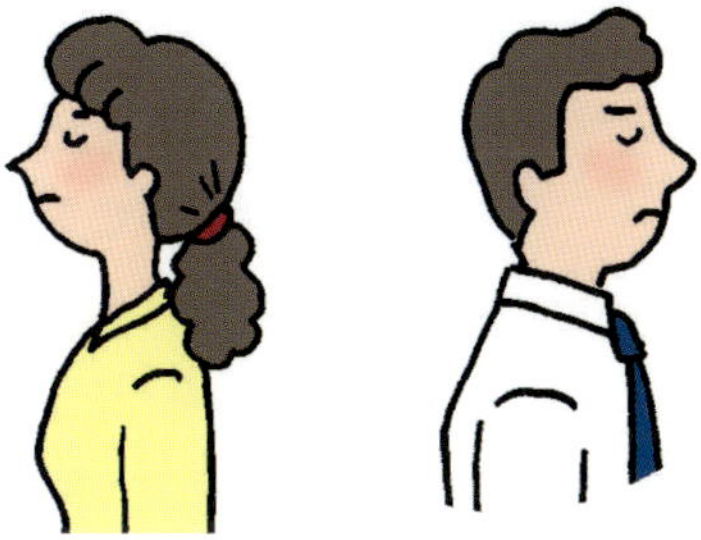

何かあるかもしれない
たとえ経済的に恵まれていても

虐待？
親子関係や
きょうだい関係にもしや…

家庭の形やお金の事情に関係なく、何かあるかもしれません。家庭が壊れているとは、子どもを大事に育てられないということです。しかし、親にもゆとりがありません。大人も愚痴を言い、励ましあえる親同士のつながりが必要です。何かあったらお願いできる親同士の関係をつくる、このことを意識してください。

（今関 和子）

その9

先生、ひいきじゃないの？いえ、みんなの味方です

気になる子に関わっていると、先生ひいきじゃないの？
子どもや保護者に言われました。
そんなつもりはないのに……
どうしたらいいでしょう。

1 指導を見直す

2 説明し相互理解する

3 新しい価値観を取り込む

①　指導を見直し、理解を得るチャンスにしよう

保護者や子どもたちから「先生、○○さんをひいきしている！」と言われることがあります。今たくさん手をかけ指導を必要としている子のことを、ひいきしているように見えたら、子どもたちや保護者の方にわかるように説明をすればいいことです。

とりわけ、教室飛び出しや暴力など、子どもたちの利害に関わることは、子どもたちに協力をお願いすることです。先生が一人で必死になって指導して、誰かをひいきしているように見える指導ではなく、子どもたちと助け合って指導や援助をすることで子どもたちも納得し、また友だち理解も深まります。

そのためにまず、

子どもたちにも保護者の方にも率直に話をすることです。誠実さが大事です。

私たちも一人の人間です。私たちも自分の育ちや人生の経験知から、自分の価値観を知らず知らずのうちに出し、その価値観で評価し、押し付けて指導していることもあるかもしれません。だからこそ、ひいきしていると言われたら自分の指導を見直し、周囲の理解を得ることにも目を向けていくことです。

② 教師がみんなの個性を大切にしていることを語ろう

私は、四月初めの保護者会でこんな話をします。

子どもはみんな違っていることは、草木に例えるととてもわかりやすいのではないでしょうか。桜は春に咲きます。菊は秋に咲きます。桜に「秋に咲け」と言っても無理ですし、菊に「春に咲け」と言ってもこれも無理です。物事に道理があるように、子どもたちには子どもたちなりに「伸びていきたい」という思いがあります。それを、親や大人の願いで、歪めてはならないのです。例えば、「桜に菊になれ」と言っても無理なのです。

その子の個性を大切に伸ばすことです。親としては「将来は～になってほしい」という願いがあるかもしれませんが、決めるのは最終的には子どもです。親の役割は「私は～をしたい」という自分の意見や考えをもてる、自分のことを自分で決められる子どもを育てていくことだと思います。どう育とうとしているのか、待ちながらじっと見守るのは、心配で忍耐がいることかもしれません。「みんな違っている。一人ひとりの個性を尊重しながら育てる」ということを頭の隅において、子どもたちを育てていきましょう。それでも、親として、心配になってしまうことがたくさんあると思います。私たち教師は学校で一人ひとりの子どもを集団で見ていますから、個性や違いはあたり前に見えますが、家の中で自分の子どもだけ育てていたら、不安になることはたくさんあるでしょう。親が不安を感じていると子どもはすぐに感じ取ります。そんな時は、「小さなこと」と思わずに学校へ相談にいらしてください。

こんなふうに、教師と保護者で支え合い、クラスの子どもたちを育てていきましょうと語ります。

③ 子どもの行動から予想し、指導を説明しよう

そんなこと言っても、うまくできなくて「先生、ひいきしないでください！」と言われたら、どうしたらいいだろうと思うかもしれません。子どもたちや保護者が納得する説明ができるように「子どもたちの行動はどういう意味があるのか」考える力を、教師である私たちはつけていくことが必要です。例えばあの子は、「もしかしたら～かもしれない」という予想を考えていると、自分の指導を説明できるようになると思います。

もしかしたら ⇦ 方針

すぐキレる子

〈予想〉

おうちで叱られ過ぎていないか？　発達障害はないか？

もしそうだとしたら、叱らないようにしよう。

いつも静かな子

〈予想〉

教師は大丈夫と思って見過ごしていないか？

まわりに気遣いをしているのではないか？　その理由は何か？

目立ちたがる子

〈予想〉

自分を認めてほしいのか？

十分活躍しているように見えても実は自信がないのかな。少しぐらいおかしなことも認めていこう。

予想をする力と、だとしたらと考える力

忘れ物が多い子

〈予想〉
おうちでの生活に厳しいもの（つらいもの）があるのか？　発達障害や気質的な傾向か？

特に問題を感じない子

〈予想〉
先生に上手に合わせ無理をしているのか。自分を出さないで合わせようとしているのかも。

うそをつく子

〈予想〉
自分がうそをつく理由をわかっていない。何がそうさせる原因なのか探ろう。

④ みんなの味方になるために変化・発展しよう！

「先生、それひいきでしょ？」

と言われた時、教師が気づかなかった価値観や、ものの見方に出会うことでもあるわけです。そんな時、私たち教師が一人の人間として学び成長する時です。そういう意味では「先生、ひいきでしょ」と言われたら、人間として成長するチャンスととらえたらどうでしょうか。

「そんな見方があったのか」

とか、

「自分の考え方と違う視点があるんだ、自分の考えが及ばなかった」

と、積極的に受け止めたら、人間としても大きくなることができるのではないでしょうか。また、誤解であったとしたら、相互が納得できるように話し合うことです。話し合うことでさらに相互理解が深まります。

私たちも人間です。間違ってしまうことがあるという認識をもつことが大事です。教師は自分自身の行動を自覚しておきたいものです。私は教師の仕事はよい仕事だと思います。子どもたちが成長していくためには、いつも自分も成長させていかねばならないからです。魅力的な素敵な仕事です。

「先生ひいきでしょ」、この言葉は自分自身を振り返り、「先生はみんなの味方（弱い者の味方）」であることを、理解してもらうチャンスでもあり、あるいは自分の指導の仕方を見直す機会にもなります。

何事もポジティブに考える教師が「みんなの味方」の教師ではないでしょうか。

（今関 和子）

変化の方程式

「ひいきでしょう」
+
そんな見方もあるのか
=
自分も成長

その10

まわりの集団を育てる

変わるのはアイツだ。
えーっ！　アイツってどっち？
気になる子、それともまわりか。
それは、やっぱり……う～ん……
まわりです。

やってみよう3つのステップ

1 一人ひとりを認め、励ます

2 子どもをつなぐイベントを企画

3 子どもの輪を広げる

① 子どもの願い。認めてほしい、励ましてほしい

学級に気になる子どもがいると、どうしてもその子どもに対する指導つまり個人指導が多くなります。それはやむを得ないことです。でも、気になる子どもの指導をていねいにやっていると、

「なぜあいつばっかり」

という気持ちになって、えこひいきだと騒ぎだし、それが複数になってくると、教師の指導がなかなか入らなくなり、ひどい時には学級崩壊になることも多いようです。そうすると本当に大変です。

つまり、「自分にも声をかけてほしい」「見ていてほしい」という欲求が非常に高いのです。どの子どもも認めてほしい、励ましてほしいと思っているのです。日本の子どもたちの自己肯定感は先進国内でもかなり低いことがわかっています。「自分はだめなやつだ」という思いが強く、一方で教師から手厚く指導されている気になる子どもを見ると、「なぜ」「おかしいぞ」「あいつばっかり」という気持ちになるのです。それで、とても面倒なことなのですが、認め、励ます指導が大切になってくるのです。後述しますが、認め、励ますためには、子どもを見て、当たり前にできていたらほめる言葉をかけることです。

❷ 当たり前にやっていたら認める

子どもの見方に関係してきますが、教師はどうしても高い到達点や活動を望みやすいようです。子どもをよりよく育てようとすれば仕方がないのかもしれません。

でも、ちょっと待ってくださいね。大人の私たちも、同僚や保護者からちょっと認められただけでうれしくなりませんか？　子どもは、もっとうれしくなるのかもしれません。係活動や給食や掃除など、当たり前にやっていたら、きちんと認めてあげることが重要だと思います。

「遊び係、よく工夫して遊びを考えてくれてるね。そのおかげで、みんな楽しめているよ」

「今日の給食当番、みんな素早いね。さすが」

事実に基づいて、どんどん認め、励ますことが重要になっています。そのことで「自分は認められている」「いつも先生は励ましてくれる」という気持ちになってきます。そうすると、気になる子どもの指導をていねいにやっても、不満の声は出なくなってきます。

授業中も、たくさん声をかけることができます。こんなことを繰り返していると、とても安心してきます。当たり前にやっていたら、認め、励ましていきましょう。さらに、それを保護者に伝えると、家庭でも認め、励まされ、大きく伸びることにつながっていきます。保護者もわが子を認めてくれる先生として信用してくれるでしょう。

3 子どもの話をていねいに聞く！

子どもの話を聞かないと、子どもが何を考えているか、何をしたいのかわかりません。そこで、子どもの話をていねいに聞く時間を取ります。聞くことは三つです。一つは、

「今、あなたが頑張っていることは何ですか？」

すると、子どもなりに頑張っていることを答えてくれます。絶対に否定せず「先生もそう思うよ。よく頑張っているよ」と、頑張りを認めます。二つ目は

「学校生活で困っていること、心配なことはありませんか？」

と聞きます。学校は集団生活なので、いろいろなトラブルがあるのは当たり前と話し、先生はいつでも応援していることを伝えます。はじめはなかなか話しませんが、慣れてくるといろいろな不安を話してくれます。三つ目は

「一か月後、またこうして話しますが、それまでに頑張りたいことは何ですか？」

聞き方123

▼今あなたが頑張っていることは何ですか。

▼生活で困っていること、心配なことはありますか。

▼できることから一緒にし、応援することを約束する。

と、当面頑張りたいことを聞き出し、応援することを約束します。これを続けただけで、とても学級全体が落ち着きました。最後に、来年の三月には、この学級で良かったと思えるようにして卒業しよう。先生も頑張ります、と答えます。子どもの話をていねいに聞き、クラスをともにつくりましょう。

④ イベントを通して気になる子とつなげる

学力競争ばかりの学校。子どもたちから楽しいことが減ってきているように思います。戸外で遊ぶ、鬼ごっこのようにドキドキワクワクする遊び、手先を使った遊び、そんなことが減ってきて、ゲームやラインなどの顔の見えないやりとりが多くなってきました。何とかしたいものです。

いろいろなイベントを通して、気になる子どもとつながることがあります。

翔太くんは中国から来た子どもで、日本語もなかなか使えないので、四年生までとても苦労しました。五年生になってもひとりぼっちでいることが多く、一学期の後半には「いじめられているのでは」と父親から話があり、なかなか自分から友だちと関わっていけないことを話しました。二学期になると将棋が流行り出しました。休み時間になると、教室の後ろに集まって、何組も将棋を楽しむ姿が見られました。翔太くんも、将棋だとスムーズに入っていけました。そこしかも、お父さんが将棋好きなので、翔太くんは腕を上げていきました。

で、班対抗の将棋大会を開催しました。翔太くんは大活躍しました。

この後から、友だちとふざけたり、冗談を言い合えるようになってきたのです。とても楽しそうな表情でした。ちょっとしたイベントは、子ども同士をつなぎます。忙しい学校ですが、時には楽しいこと、ドキドキワクワクすることをやると、大きな成果を得ることができます。もっともよいのは、料理を作ることです。食べる時は、勉強のできる子どももできない子どもも幸せな時間になります。みんなで話し合って、おいしい料理を作り、楽しく食べることもすてきですね。

今、「食育」が重視されています。食べることはとても大切ですし、自分で安全な食材を選び、おいしく作ることも重要です。その中で、大きな成果を得られることもあります。

「そうめんパーティー」をやった時のこと。六班中、五班はできてから、もめはじめました。そうです。そうめんをゆでたものを、そのままざるにあげ、皿に盛ると固まってしまいます。絡まるので、無理に引っ張ると大きなかたまりで取ってしまいます。すると他の子どもは怒ります。

しかし、一つの班だけは、幸せそうに楽しく食べていました。なぜかというと、この班の沙耶さんは毎日お母さんのお手伝いをしていました。そうめんを水の中で小さく一口大に丸め、皿に並べたのです。ですから、麺の引っ張りっこがなく、麺をつゆにつけて食べるのです。私は、沙耶さんをおおいにほめました。そして、お手伝いは生きる力を育てることになると話しました。二回目はどの班も一口大に丸めて幸せに食べました。イベントは、意外なことを見つけてくれます。


（古関　勝則）

COLUMN 3

私と気になる子どもは似ている?

鳥取 真衣（熊本）

私にとって気になる子は、いつも怒られている子、怒られ慣れている子です。その子たち、私に似ているんです。私は、幼い頃、ほめられることが当たり前だと思っていました。私がすることはいつもほめられました。だから、私がすることは正しいと思っていました。

今考えると、親や先生が言いそうなことを予想して行動したり、言った通りに行動しただけだったのだと思います。ほめられることを常に求め、大人になるとほめられる機会が減り、ますますほめられたい思いは強くなっていきました。

そんな私と彼らでは、全く違うように見えます。私もはじめは彼らが苦手でした。大人が注意したくなるようなことをわざとし、できる力があるのにできないと言い。注意されそうなことをやらなければいいのに。そうすれば平和に過ごせるのに。

だけど、実は彼らの「できん」とか「したくなか」といった言葉は、もっと上手にしたいとか、やりたいのにやり方がわからないというメッセージの裏返しなのです。そう気づいたとき、私と彼らは似ていると思いました。私がほめられることを望むのは、本当は自分に自信がないからなのです。自信がないからまわりの評価が気になりました。一方、彼らも自信がないため先回ってやることをあきらめてしまうと思うのです。

彼らは私と同様に、自分に対する評価が低いのだと思います。それなのに、彼らは注意や叱責を呼び寄せる言葉や行動をして、ますます自信を失っていっているのです。

先日、友だちにたたかれて泣いていた子と一緒に、たたいた子を探しに行きました。二人ともあまり話したことのない子でした。泣いた子に嫌だった思いを伝えさせ、たたいた子に理由を尋ねましたが口を開きません。時間をかけて優しく言葉を促すと、急に泣き出してしまいます。「誰も僕のことなんか信じてくれん」と。私が泣きそうになりました。きっと彼もよく怒られているのだと思います。その中で信じてもらえなかったことがあったのかもしれません。「私は信じとるよ」としか言えませんでした。

私にできるのはほめてほめて、できると言い聞かせていくことくらいです。彼らが自信をもって主張し、自分の非を認めたりできるようになり、少しでも楽に生きていけるようになってくれるといいなと思っています。彼らがそんなふうになってくれると、私も自分の言葉や行動に自信をもつことができるような気がするのです。

comment

●鳥取さんが自分のことを書いてあるのを目にし、とてもおどろきました。あなたは自分の中の「人に知られたくない部分」を語っています。それは、本来見つめたくないことであり、人に知らせることはできません。私にもそれがなかなかできません。プライドが邪魔をしてしまうからです。

自分の弱さを知っている鳥取さん、実はそれはあなたの一番の持ち味なのではないでしょうか。自分の弱いところを示す、それはどこかで過去の自分を乗り越えたからでしょうね。あなたのその人間性に魅力を感じます。

●目の前の子どもたちにまっすぐ向き合うこと、それは子どもを見つめながら過去の自分を重ね、分析することで、実はとってもすごいことなのです。

(高知・小田原 典寿)

キョロ キョロ

第2章

やってみよう!

実践編

1
低学年

気になる絵理、気になる母

古関 勝則

① 絵理という子

絵理はやや肥満気味だが、目がぱっちりしていて、気軽に話しかけてくるとても明るい子である。入学式のため、体育館に入る前、廊下で待っていると、さっそく早口で話しかけてきた。

「わたし、男の先生で良かった。女の先生って、わたしあわないんだもん」

面白い子だなあと思った。とにかく読書が大好きで、読み出すともう止まらない。勉強もよくでき、入学時はすでにかけ算九九が言えたり、漢字の読み書きがかなりできていた。その反面、基本的な生活習慣はさっぱり身についていない。着替えは遅いというより、何かをしながら着がえているので果てしなく時間がかかる。脱ぎっぱなしで移動をはじめ、本を読んだかと思うとそのまま黒板に絵を描く、服は教室のあちらこちらに散乱している。パンツ一つのまま床にぺたっと座り、本を読んでいることもあった。他の一年生が

「おかしいよ、絵理ちゃん」

と言っても気にしない。ロッカーは詰め込むだけなので、絵の具セットなどがはみ出ている。

朝、絵理の顔を見ると、口のまわりに朝食で食べたものがベターっとついている。食べ方がすさまじく食べ散らかす。どんどん床に食べ物が落ちていく。全く気にしないのである。また、自分の思う通りにならないと相手をにらみつけ、物を投げたり机を倒したりする。

絵理の家庭環境をみるとなぜなのかと疑問に思った。家族は、祖父母、父母、本人、弟一人の三世代家族である。絵理の祖父は、市内でも有名な元校長で、地域の実力者であるという。特に、家庭教育に関しては詳しいらしく、講演などもよくやられているというのである。祖母も元教員で父母も非常に教育熱心で、学校行事にはすべて参加し協力的である。「教育一家」とも言える家庭環境なのである。それなのに、どうして絵理はこんなになってしまっているのかと信じられなかった。地域に住む主事さんも絵理を見て驚いた。

② 学校にいる時は楽しい時間に！ 遊びを大切に子どもたちがなかよしに

他にも虐待や発達上の問題をかかえた子どもがいたが、「学校だけは楽しい」と思えるようにしたいと思い、いろいろな遊びやイベントを大切にした。イベントも楽しいことを重視。勝ち負けなど関係なく繰り返し行った。「おいしいおにぎりをつくってたべよう会」「けんだま大会」「じゃんけん大会」「ゆびずもう大会」「はないちもんめ大会」「かんけり大会」「先生のおみやげを食べよう会」「いもに会」（保護者の協力をいただく）「みんなで、校ていを１０００しゅう走ろう」（持久走記録会にそなえて）「くつとばし大会」「（川に行って）水きりをやってみよう」「たんけん大会」（ただ地域を歩くだけだが、たくさん発見があった）「にらめっこ大会」……とてもとても楽しい時間であった。

その中で、絵理の笑顔がたくさん見られた。身辺自立のひどさは我慢して、母親には、楽しいイベントの中で活躍する絵理のすごさ・素晴らしさをていねいに伝えた。母親は、途中から涙声になるので、おかしいなと思った。どうして絵理の頑張りを伝えているのに、泣くのだろうと。

③ 絵理と母親の失望

四月中に三回家庭訪問をして、母親に学校と同じように自立する力がつくように一緒にやっていくことをお願いしたが、

「先生、絵理は言ってもだめなんです。私の言うことなんてさっぱり聞かないし、お父さんにも口ごたえするし……」

なかばあきらめ顔で、指導が入るのは先生しかいないといった有様であった。絵理が自分を抑えられない理由は二つあった。一つめは母親の姿勢である。わが子が一年生なのに、もう子育てをあきらめているという感じなのである。絵理の「やだー」という一言で、あきらめて好きなことをさせてしまうのである。不思議なことに勉強は言われた通りにやる。家庭訪問をした時のこと。絵理が食べたものを散らかして、そのままにしておいた時、母親はきつい口調で「片づけなさい」と言っても、「やだもーん」と言ってふざけ回っている。私がいるからということでなく、いつでも同じ行動をとるというのである。なぜこんなに簡単にあきらめてしまうのか、これでは絵理もどういう行動をすればい

いか、わからなくなってしまう。

二つ目に、管理的な幼稚園に嫌気がさして登園拒否を何度もやっていたそうである。それで自信をなくし、投げやりになっていたことである。見た目を重視し、厳しくする幼稚園はかなり多い。担任した一年生の中にも、一年生らしからぬきちんとしすぎの子が何人もいた。同じ幼稚園からきた子である。その幼稚園は、とにかく礼儀を重んじると共に、体罰に近い指導をし、集会などでは一切私語を許さず、直立不動のまま話を聞かせたりする。また、短パン一つで一一月頃三㎞マラソンをやらせたりするのである。絵理のいた幼稚園はそこまでひどくはなかったが、ただ勉強さえできればよいという一つの価値観を強く押しつけられたために、集団の中で生きていく力を育てることがおろそかになってしまったのであろう。

④ 絵理への共感と指導

絵理に限らず、一年生といえば、きわめて自己中心的な考え方をするのは当たり前である。少しずつ集団の中でどう生活していけばいいのかわかり、そのルールを身につければいい。同時に、机を倒したり、ものを投げたりするのでなく、自分の不満をもっと良い方法で表すことを教えればいいのである。特に、言葉で自分の気持ちが言えるように、トラブルのたびにていねいに話を聞くようにした。

絵理個人の指導を進めながら、一年生全員で楽しいことをどんどん実施していった。ゲーム的に取り組み、定着を図った。もともと力のある子どもなので、やり方を覚えるとしっかりできるようになってきた。繰り返し母親に連絡し「ほめてくださいね」とお願いした。

絵理は、とにかく自分勝手だが、やたら活動的で明るい。遊ぶ様子を見ていると、活発な子には声をかけず、どちらかというとおとなしい子に声をかけるのである。そしておとなしい子の手をつないで、「ねえ、遊ぼう」と言う。実にうまいのである。そこまではいいのだが、すぐにケンカになってしまう。

それでも誘い方はうまいので、そこに目をつけ、リーダーとして友だちを引っ張りながら自分も我慢することを経験させたいと思った。班対抗で集団遊びをやると、絵理は意欲たっぷりである。いろいろな作戦を考えてはりきるのだが、班として失敗するとふてくされて班員にやつあたりする。しかし、私の評価を楽しみにするようになってきた。その時はじっと集中する。私も、他の班よりちょっとだけ時間を多くして評価する。

「今日はね、絵理ちゃんの班、うーんと頑張ったと思うよ。作戦も良かったけど、うまくいかなかった秀くんに、もう一度やり方を教えたもんね。それから絵理ちゃんもえらい。怒りたくなっても、手をにぎって足をどんどんやっただけで、我慢したもんね。えらいなあ」

それまで、勉強ができること以外で認められたことのない絵理は、自分の行動が認められるようになってきて、本当にうれしそうだった。楽しくて少し競争的な取り組みでは、持ち前の明るさと行動力で班をリードした。

二学期後半になると乱暴な言動が見られなくなり、また基本的な生活習慣もかなり身についてきた。リーダーとしても力をつけ、良い方向で頑張りを見せてきた。母親にはていねいに連絡し、絵理の頑張りを詳しく伝えた。私も本音を言えるようになっていた。

「お母さんが絵理ちゃんを認めてあげないで、誰が認めてくれるんですか。絵理ちゃんのいいところを大切にしてあげましょうよ。一緒に頑張りましょう」

⑤ 荒れる絵理と母親の苦悩

一月に入ると、友だちとのいざこざが急に増え、私の指導も入らなくなってしまった。その原因はすぐにわかった。

一月中旬、絵理の母親から電話が入った。泣きながら、家庭のいざこざが原因で、家を出、実家にいるということ。もう離婚を覚悟しているので、二度と絵理のもとには帰らないということ、先生に申し訳ないという内容だった。絵理の子育てがぎこちなかった理由もはっきりしてきた。

家庭教育の権威であるとされる祖父は、家では全く別なことをしている、夫である息子があまり優秀でなかったため見下していること、そのため夫も劣等感にさいなまれ、自分や絵理に当たり散らすことが多かったという。祖母は、姑にいびられた経験があるため、自分につらく当たり、祖父と夫はそれを見ていても無視している。今まで封建的な家で我慢してきたが、もう耐えられない。絵理の子育てをめぐっても、祖父と祖母と夫がそれぞれに違ったことを言い、しつけの悪さをすべて自分のせいにされてきた。以上のようなことを、泣きながら話してくれた。私は、どうしていいかわからず悩んでしまったが

「お父さんとも連絡を取って話してみますから。お母さんは、絵理ちゃんの心の支えになっているん

ですから」

と、説得力のない話であることはわかりながら何とか話した。

さっそく翌日、父親に会って話し合う。父親は、ショックでほとんど話をせず、私の話を聞くばかりであったが、なんとなく良い方向で考えるような感じがした。その夜、母親に連絡をして話し合った結果を報告。良い方向で進められることを願っていることを伝えた。

絵理は、その後楽しいことに反発した。私は、必ずお母さんが戻ってくるように頑張るからと話した。放課後は、「家に帰りたくない」という絵理を残し、暗くなるまで、おしゃべりをしたり、遊んだりした。家庭にも連絡しておいたので、あたりが真っ暗になる五時過ぎ、祖父が迎えに来る。元校長である祖父は、絵理と手をつなごうとするが、絵理はおかまいなしに玄関を出て行ってしまう。祖父の後ろ姿も気の毒だった。

何度も父母と別々に話し合った。とにかく絵理のことを考えてくれるようにお願いし、結局三月中旬、祖父母と別居ということで、親子の生活が始まった。祖父母とのしこりはあるが、その後、絵理は落ち着き、以前のように明るく頑張るようになった。母親は吹っきれたような表情で、少しずつ元気になっていった。父親も反省し、絵理とふれあう時間を多く取っているという話を聞いた。

⑦ 一年生の夢、実現！　絵理の笑顔

一〇月から一年生の間で「秘密の基地づくり」が始まった。前年度担任していた六年生男子五人で

「小屋」を作ったことを教えたところ、どうしてもやりたいということで、放課後一年生が何人か集まって「秘密の基地づくりチーム」が誕生。もちろん保護者にも連絡しておいたので、自由参加で学校近くの畑で基地づくりが開始。しかし、一年生にはどうにも無理で、見に行くと、木と木の間に段ボールを立てかけ、その中に入って、

「やったあ。完成だ」

と言ったかと思うと、風が強く吹いてパタンと段ボールが倒れ、終わり。でも一年生にはドキドキワクワクする楽しい時間だったようである。

一二月上旬、いつものように基地づくりを終えて、帰ろうとした時に雪解けの斜面で、絵理が滑って下半身が泥だらけに。すぐに一年生一一人が集まって相談。絵理のズボンを脱がせ、他の子のジャンバーなどを巻いて、すぐ近くだったので、絵理の家まで謝りに行くことを決めたという。一〇人の子どもが絵理を真ん中にして歩くので、どう見てもおかしい光景であった。たまたま学年委員長さんが子どもたちと出会い、

「一年生、みんなで何やってんの?」

と声をかけたところ、子どもたちは事情を話し、「心配するから古関先生には黙っていてね」と言ったそうだが、うれしくなった学年委員長さんはすぐに学校に電話をよこしてくれて、

「いやあ、いい一年生ですね。感動しました」と教えてくれた。私もうれしくなった。そのトラブルがきっかけになって、秘密の基地づくりは一気に進むのであった。

大工をやっている学年委員長さんは、私の転勤も決まっていたこともあり、本物を作ってみませんか、

という話になったのである。私は、とてもうれしくなった。一年生でもできそうなことはやらせることにもなった。材木を運んだり、簡単な釘打ちをしたり、どんどん小屋になっていく姿はなかなかのものであった。一年生はうれしくてうれしくて仕方がないようであった。

二月中旬、ようやく完成。「ちびっ子遊び小屋」と名付け、毎日のように遊んだ。話し合いをして、係を決めた。「たい長」「遊びかかり」「ぼうえいたい」「へび・はちかかり」「学習かかり」。全員小屋の中に入れるので、全員で楽しく遊んだり、時には勉強を教え合ったりした。絵里は「たい長」に選ばれ、二年生のいたずらっ子に

「こわれた小屋！」

などと悪口を言われると、メガホンを手にして

「そんなことを言うのはやめなさい」

と訴えるのだが、これまた楽しそうであった。

学校からも絵理の家からも近いので、とても遊びやすかった。その中で、絵理は、本当に楽しそうに友だちと遊ぶのであった。

私は、ずっと、絵理と友だちが仲良しでいることを願って、転勤した。

2
中学年

暴力的な幸太と仲間が織りなす学級

中村 弘之

① 出会い

幸太は、一・二年生の時、エスケープ・暴力・暴言を繰り返し、集会や行事、授業への参加を拒否してきた。指導がまったく入らない中で、問題が起こるたびにケース会議がもたれ、父親が学校に呼ばれて懇談会が開かれていた。両親は夜の仕事をしていたが、今年からは父親が家にいる。幸太は、ことばの教室に通っている。サッカー遊びをする仲間もいるが、その暴力性のために怖がられていた。

どんなことが彼のよろこびとなり、まわりとの信頼関係を築き上げるのか、彼によりそい、そのきっかけをつかむことが必要だ。昨年の記録を基に最初の班をつくり、班ごとに活動計画を立てた。すぐに幸太が来て、「先生、おれリーダーになるから」と宣言し、図工の学習リーダーになった。「得意な図工なら教えられるから」と言っていた。「みんなの力になってあげてね。先生も応援するから」と励ました。幸太は、授業中によく絵を描く。話の中身がわからなくなって頭がごちゃごちゃになった時に描くそうだ。「絵を描いていたら、すぐいくからね。一緒にやろうな」と約束した。

班の方針発表の時間。幸太は、正男ら五班のメンバーに誘われ、前に出していたイスに座って班のこれからの取り組みについて発表した。班の記念写真を撮った。うれしそうだった。

集会・ゲーム係が、毎週金曜日の朝活動にゲームをすることを方針に掲げ、初めてのミニゲーム集会を開いた。幸太がみんなから離れて座っている。伝言ゲームのやり方がよくわからないから面白くないそうだ。終わりのインタビューの後、私は、

「本当にみんなが楽しかったのだろうか」

と投げかけ、幸太のことを話した。すると子どもたちは、

「見本を見せてあげればよかった。説明がみんなにわかったかを確かめればよかった」

などと言った。

「そうだね。困っている人を助けるというのは、そういうことじゃないかな」

と話した。普段は私の机のところにいたが、班会議になると班長の正男が、「幸太くんがいないと班会議にならないんだ。班に来てね」と言って迎えに来ると、手を引かれながら班に戻る。どうやら正男は幸太とつながることができるようだ。みんなで決めた活動は、幸太も受け入れている。

ゴールデンウィークが終わったら新しい班を作るということにしていたので、第一次班のまとめを行った。五班のまとめで、正男が「幸太が、給食の時や昼休みに、楽しい話をしてくれました。班長が『話し合うよ』と言うと、幸太さんが参加してくれました」と発表した。こうした取り組みは、お互いのことに目を向けるきっかけになった。

② 切り紙

学級目標を掲示するために、一人ひとりが切り紙を作って貼ることになった。その後も切り紙がちょっとしたブームになった。幸太は、こういう活動が好きで、興味をもち仲間と関わり始めた。毎日のように正男ら班のメンバーや麻美たちも混じって切り紙を作った。そして、

「切り紙、使っていいよ。好きなだけ持っていっていいよ。あげるよ」

と宣伝している。まるで「これはぼくが作った。きれいなのがいっぱいあるよ。持っていっても怒ったりしないよ」と言っているようだった。彼の作った切り紙は、ていねいで人気があった。物作りや絵などに夢中だったので、「切り紙集会をやろうか」と言うと「いいよ」と言う。

さっそく幸太は、自由参加でミニ切り紙集会のお知らせをした。物づくりが、班のメンバーと幸太を結びつけ学級に広がった。作っている最中も、彼らが「幸太さん、それはやめてね」「幸太さん、座って」「幸太さん、始めるよ」などと声をかけている。幸太は、たいてい従う。

幸太が学級から黙って出て行こうとしたことをとがめた時のことだ。麻美が、

「先生、幸太キレるよ」

と言ったが私は、

「これぐらいでキレないよ」

とこたえた。幸太とのやりとりを子どもたちが注目している。そこで私からは、

「きみは、いつでも出て行けるし戻って来られるよ。でも、先生もみんなも心配だから、断って行っ

てほしいんだ」

と言うと、なんと幸太は、「わかった」と言って、その約束を守ろうとしてくれた。他の子どもたちも「言っていいんだ」ということを感じ始め、次第に言えるようになっていった。

班のまとめの中で、幸太は「正男に勉強を教えてもらった。うれしかった」と話し、正男と麻美は互いに、「幸太さんが勉強をがんばれるように勉強を教えていた」と言った。学習リーダー同士で幸太に関わっていたことを認め合い、幸太を中心に仲間と関わることの大切さをまとめた。三回目の班でも幸太は、「今度こそおれ、班長になる」と班長に立候補した。立候補者が一九人になったので、前回と同じように班内輪番制で担当することになった。

なかでも学級内クラブは、幸太が工作の活動をしたいと言ったことが発端となって、始まったものだった。幸太の居場所がまた一つ生まれるチャンスが訪れた。幸太がやってきて、

「先生、前に貸してくれたあの本、貸してください」

「あの本って何だ?」

「あれだよ、あれ、小さいやつで作るやつ」

「ああ、室内工作の本か」

「そう! それだよ、それ!」

と言うと、本を手にしながらパンチングバルーンを作った。それを使って、さっそく麻美たち女子や他のクラスの男子も含めて数人と遊び始めた。また、段ボール箱を持ってきて、何やら作り始めた。

授業では、班の子どもたちもアドバイスをしているのだが、幸太の「先生、来て来て」が始まる。ノー

トに書く気配がないので、「じゃあやるぞ」と言って、私がノートの問題を書き、幸太が口頭で答え、私が書くということの繰り返しが続いた。リコーダーの練習では、「ちょっと待って、もう一度」と付き添いを求めながら、何度も練習に取り組んだ。図工では、次第に作品の仕上げまで自分でやりきるようになった。自分で買ってきたドリルの丸つけを頼みにも来た。麻美や正男たちが「先生、幸太やる気いっぱいだね」と言うので、「みんなのおかげだよ」と言うと、うれしそうに顔を見合わせていた。

音楽の授業の後のことだった。にこにこしながら「先生、音楽も図工も算数も国語も理科も楽しいね。おれ、どんどん好きになってきたみたいだよ」と言う。その様子を見ていると、授業になると読書かエスケープ、テストをすれば「嫌がらせかよ」と言ってテストを拒否していた頃の幸太の姿が重なった。

一学期まとめの会に取り組んだ。まとめの会の班の出し物は、「学級のあゆみ」の中からテーマを選ぶ。幸太の班はなかなか出し物が決まらなかったが、幸太は班会議に入ってメンバーと話し合いを続け、読み聞かせに決まった。幸太は「自分も読み聞かせをするんだ」と張り切っていた。当たり前のように班で練習したり、話し合ったりする姿に成長を感じた。

③ 最難関の学習発表会

幸太は、集団の中で次々と指示される速い動きや、新しい活動をかたくなに拒む。集団の中で不安と孤独感を味わうからだ。だから「面白くない。やらない」と言う。しかも幸太は、音読が大の苦手なのだ。今度は大丈夫だろうか。

学年総会で、めあてと演目・取り組み方法が決まった後、幸太に聞いてみた。

「去年、学習発表会出たの？」

「出たけど、立っていただけ」

「何もしなかったの？」

「うん」

「『どろぼう学校』どうだった？　全員にセリフがあるんだよ」

「面白そうだね」

「きっと面白いから、がんばってほしいんだ。で、何やりたい？」

「おれ、どろぼうやりたい」

即答だった。その後のどろぼうグループAのメンバーとの自主練習も順調だった。

ところが、いざ学習発表会予行の朝になって、「リハーサルに出ない」と言い出した。グループのメンバーや麻美、正男たちが、集まってきた。教室に入り、よく聞いてみると、失敗するかもしれないから出たくないそうだ。メンバーの一人だった正男が、

「きみ一人で演技するわけじゃないよ。どろぼうグループAのみんなと一緒だよ」

と切り出すと、子どもたちも口々に
「そうそう、大丈夫だよ」

と励ましてくれた。幸太が少し迷っている様子を見せた時、さらに正男が
「最後の練習してみる？」

と言うと、幸太がうなずいた。みんなで練習を見守った。その後、全員で「一組、行くぞー」「オーッ！」と、「気合いのコール」をやった。幸太は元気を取り戻した。

リハーサルでは、心配をよそに幸太は立派に演じた。帰りの会で班長の麻美が、「今日のＭＶＰ」に幸太を指名した。不安を乗り越えて演じきったからだ。麻美は、幸太に教えたり声をかけたりしてきた一人だ。幸太は、はにかみながらもうれしそうだった。

幸太と話す。

「一・二年の時の幸太はどうだったの？」

「ぼくね、一年生で入学して、ちょっとぼーっとしているうちに、みんなが先へ行ってしまって、いつのまにかぼくは取り残されて遅れてしまった感じだったの。二年の時は全然わからなくなって……。でも三年生になったら、面白い先生になって、一緒にやっているうちに少し良くなった」

「あのね、幸太は一・二年の時に、何もしなかったから、大切なことがすっぽりぬけ落ちてしまったんだよ。一・二年生の力がついていなかったんだから、三年生の初めのころは大変だったよ。でも先生のおかげっていうことだよな」

「へへ、それ自慢でしょ」

などと言う。

この頃からだろうか、幸太は、教室から出ることがほとんどなくなった。

二学期末、麻美の母親が「うちの子、『幸太さんはかわったよ』と言っていました」と伝えてくれた。

COLUMN 4

まわりの子が助けてくれた！

近藤 彩香（仙台）

学級は小さな社会。私の短い教員生活でも、何度も聞いたことがある言葉です。日々、子どもたちと向き合っていると、「気になる子」の存在は、改めてその言葉の意味を教えてくれるなと私は実感します。「気になる子」は、小さな社会にとって迷惑で邪魔な存在で、最終的に、その社会から排除されることになってはいないだろうかと、自分に問い続けながら子どもたちと向き合っています。私の小さな社会づくりの実践を紹介します。

絵を描くのが大好きなダイキ。勉強も得意で、テストでも満点ではないことの方が少ない。でも、熱中したことをすぐに切り替えることが苦手だった。声をかけられても、好きなことをやめられない。無理にやめさせられそうになると、頑固になって抵抗した。完璧主義な一面もあった。何かをミスしたり、わからないことがあったりすると、物にあたって泣きじゃくった。まわりの子からすると、自分だって我慢してやってるんだから……それくらいのことで、何してるんだよ。というのが正直な思いだったのかもしれない。何か起こった時は、いつも私が、ダイキの気持ちを切り替えられるように声をかけていた。

しかし、ある日こんなことがあった。自分の思い通りにならず、いつものように物に当たろうとしたダイキ。その様子を見て、近くにいたクラスメイトが

「ダイキは自分でつくる壁が高いんよ。ぼくはこれしかできてない。ダイキの方がずっとずっと上手だっ

ちゃ」
と声をかけた。これは私の口癖だった。子どもたちは私の接し方を見ていた。
「だからだから、本当にダイキはすごいよ」
と続けて、近くのクラスメイトが声をかけた。いつも一緒に過ごしているからこそ、彼らは、このあとダイキがどうなるのかを知っていた。なかなか、すぐは切り替えられなかったダイキだったが、クラスメイトに声をかけてもらえることが増えると、私に頼るのではなく、仲間との時間が増えていった。仲間たちは、おどろくほど声かけが上手だった。私は、どうして子どもたちがこんなにうまく関わってくれるのか不思議だった。

けれど、私は、ダイキを気にかけつつ、同じように他の子どもも大切にしてきた。そんな担任を見て仲間を大事にしようと、子どもたちは行動に移すことができたのではないか、と今は思っている。だから、私は子どもと接する関わり方を「大切にしよう」と自分に言いきかせている。

comment

●「教師の眼差しが子どもたちの眼差しをつくる!」。学級の雰囲気や価値観には教師の雰囲気や価値観が反映されるものです。教師がダイキに向ける眼差しが、「気になる子」に寄りそい、その生き方に共感しようとするものだったからこそ、まわりの子どもたちがダイキの生き方に寄りそったのだと思います。

●環境を整えて、あとは子どもの力を借りる。そうして、子どもたちがつながる。これが学級集団づくりですね。

でも、一つアドバイスをするとしたら、がんばりすぎないでね、と言いたい。力をぬいて自然にね。

(旭川・髙橋 孝明)

3 高学年

フトシっていいやつじゃん

今関 和子

1 「困った子」「困った親」だった四年間

フトシとサトシ。二人とも自閉症スペクトラム障害傾向。フトシはアスペルガー症候群、サトシは高機能自閉症の傾向。二人は一年生から四年生までいじめ続けられてきた。

フトシは、一年生の時から少々太っていて大きかった。まわりの空気が読めず、大声で独り言をいったり、場に合わないことをしたりして嫌われていた。

「去年までフトシは、床にひっくり返って、手足をバタバタさせて、いつも泣き叫んでいたのよ」

音楽の先生が言ったこの言葉で、フトシのそれまでの姿が目に焼き付いた。毎日バカにされパニックを起こし、泣き叫んでいたのだ。

サトシは全身ひどいアトピーだった。体はきゃしゃで小さい。発語が難しく「ぼ、ぼ、ぼくがです、ね…」と、どもりながらしゃべろうとするが、なかなか言葉にならない。そんなことが子どもたちにとってはバカにするネタになった。サトシがいじめられているのは見たことがある。いじめている方はケラケラ笑いながらサトシをからかう。サトシは涙を流しながら追いかけていく。「ここまでおいで」

と言わんばかりに、子どもたちはサトシをおもちゃのようにしてからかい、いじめていた。サトシは、パニックになり汗をかき、アトピーはさらにひどくなり、ボリボリと全体を掻きむしった。身体には掻きむしった跡が腕、首、顔に残っている。それがまた、バカにされるネタになっていた。前担任からサトシを引き継いだ時、アトピーの塗り薬を部分によって塗り分けるとのことだった。

二人の親の問題も大変だった。フトシの父は音楽家であり、サトシの母は美大を出ていた。二人の家庭はかなり文化的な環境にあった。二人の母親はフトシとサトシの扱かわれ方のひどさに、何人かの親を連れて、四年生まで始終校長室に押しかけていた。二人の親のクレームは知的でもあったから威力があったろう。フトシの母親もサトシの母親も「怪物化したクレーマー」とみなされ、学校・教師、学年の他の親たちからも距離を置かれ避けられていた。二人の親への批判を学校・教師は強くもっていた。「困り者の親子」としての四年間だった。

そして、なぜか四年生まで二人は同じクラスだった。私が担任した五年生では、保護者対応を私に任すということで、また二人を一緒にした。

② 奇妙なクラス

フトシとサトシの親のクレームに辟易としていた学校・教師は、よくあるいじめ・親対応のシフトクラスを作った。サトシとフトシを一緒にし、二人をいじめる子どもたちを一切離した。私が担任したクラスは奇妙なクラスだった。幼い男子たちと思春期を迎えた早熟な女子たち。ミユキ、ミスズ、スミレ…。洋服も他のクラスの女子と比べダントツ派手だった。

ミユキとスミレは母子家庭。ミユキは元父親をいつも「ジジイ」と呼んでいた。スミレは時折替わる母の恋人のことを「ママの今度の彼氏」と呼んでいた。そしてひっそりと暮らしている子どもたちもいた。その中には四年生まで「リタリン（薬）飲ませたんですか?」と散々担任から家庭に苦情の電話があったADDのシゲチャン。不登校気味のマサヤ。マサヤの母はシングルマザーで、遅刻したマサヤを連れてくる時はいつもゴスロリファッションでバッチリ決めていた。クレヨンしんちゃんのようなしゃべり方をし、場所をわきまえずに騒いだりする体の大きいシンヤ。四年生までなぜ学習をフォローしてこなかったのかと思える低学力のシンゴも。ていねいに教えれば理解できるのに、なぜ放置したのか、なぞの多い奇妙なクラスだった。

③「うっせーんだよこいつ！ 歌なんか歌っているんだよ！」

学級指導が始まり驚いたことは、何人かの子どもたちは他の子どもたちの名前を覚えていないことだった。こんなことは初めてだった。「あの黄色いTシャツの人がぶってきました」などと帰りの会で発言がある。トラブルを言えるのはよいことだが、自分をぶった相手の名前も知らないとはびっくりした。

しかし、その中でもフトシとサトシは静かに避けられていた。四年生まで一緒のクラスだったミスズはさらっとさらっと風に吹かれたようにフトシの机をよけて通る。女子の中心になっている子たちも同様に行動する。フトシは泣くことはなかったが、孤立していた。

クラスの中ではフトシ、サトシへの目立った攻撃はなかった。しかし「先生、サトシさんの席の後ろを通っただけなのに、『ううっ』てへんな声を出すんです」と他の子どもには理解できないサトシの行動への苦情は出されていた。

国語の時間だった。説明文「サクラソウとトラマルハナバチ」の授業をしていた時、ミユキが授業中にいきなり大声で叫んだ。

「うっせーんだよこいつ！　歌なんか歌っているんだよ！」

と。まわりの子もびっくりした。

「何の歌なの？」

と私が聞くと

「ぶんぶんぶん蜂が飛ぶってさ！」

とミユキは邪険に答えた。

なるほど、トラマルハナバチから蜂を連想し歌ったのだ。私はおかしくて子どもたちの前で思わず吹き出して笑ってしまった。なんという楽しい発想だと思った。つられて何人かの子が笑った。ミユキは呆れたようにフトシをにらんでいた。フトシはみんなの笑いに、ホッとしている様子だった。

私は、「トラマルハナバチからぶんぶんぶんの歌を連想したのは素晴らしいけど、今国語の時間だから歌は歌わないようにね」と話した。

④「ぼくの話を聞いてくれないんです!!」

学級会の時だった。班で話し合いをしているとフトシが興奮して私のところにやって来た。

「みんなぼくの話を聞いてくれないんです!!」

と鼻の穴を膨らませて過呼吸になりそうな勢いだった。フトシの班のところに行って
「フトシさんが、みんなが話を聞いてくれないって言っているんだけど……」

と言うとミユキが
「え、何言ってんの、フトシは始めから話し合いには参加してないよ!」

とこれまた邪険に答えた。フトシのイスを見ると、他の子どもたちは班会議ができるように丸くイスを並べているのに、フトシのイスだけは自分の机のそばにあり、黒板の方を向いたままの形だった。話し合うということ自体をフトシは知らなかったのだ。

「あのね、話を聞いてもらうには、イスをみんなのところに持っていかないとダメなのよ」

と私はフトシのイスを班のところに持っていった。


いじめられ続けて育つということは、他の子どもが当然習得していることも知らないのだ。フトシがどんな思いで小学校生活を送ってきたのか考えると、さぞつらかったろうと思った。

フトシの発想の面白さも次第に出てきた。隣りの子どもの名前も覚えず生活している子もいるので、道徳で自分の失敗など、笑える自己紹介カードを書く授業をした。それぞれ「みんな知らないだろうけど、実は私はね……」という失敗談や笑える話をワークシートに書いて、次に時間に交換して読み

合うというものだった。「私は家に帰ると結構いいお姉ちゃんです」「みんな知らないだろうけど、ぼくはバスケットボールより剣道が好き」「みんな私がしっかりしてるって言うけど、家ではわがまま」など、楽しい自己紹介があった。フトシの自己紹介は「ぼくの得意技は後ろ向き手洗い。あだ名が売るほどある。夢が数えきれないほどある」と書いた。

書いたものは一人ひとりに手渡し三〇秒ずつで回していくと、クスクス笑い声が聞こえたりにんまりしたりと、子どもたちは楽しそうな表情だった。その後、感想を書いたが、サトシは「『私はいつも家で叱られてばかりです』という自己紹介を読んで、ぼくと同じです。ぼくもいつも叱られています」と書いた。この自己紹介で、この不思議なシフトクラスでは、それぞれの個性を尊重する価値観がふわふわと立ち上がってきた。

ともかく教室ではフトシは少しずつ落ち着き、過呼吸になることは少なくなってきた。

5 走れない？

運動会は春の行事だった。とりあえず五〇m走のタイムをはかる必要があった。二人ずつ体育の時間に走ることになった。フトシの番になった。笛の音と共に走り出したが、相手の子がゴールについてもフトシはまだスタート地点を少ししか動いていない。私は走ってフトシのそばに行くと、走っているのではなく歩いているのではないかというような走りだった。フトシは友だちと遊ぶこともなく、少し太り気味なので体力もついていなかった。走れないという実態には、さすがに私は驚いた。それでも励ましながら、フトシの隣りを伴走した。他の子どもたちがバカにするのではないかと気がかりだったが、ゴールの方から「フトシ、がんばれー」とシンヤが叫んでいた。私は耳を疑った。フトシを応援してくれる子どもがいることに驚いた。

フトシは走り（歩き?）ながら、とうとう泣き出した。泣きながらフトシは走った。ようやくゴールに着くとシンヤが飛んできた。「フトシ、運動しなきゃだめだぞ!」と肩をたたいた。私はフトシの肩を抱きながら「走りながら悲しくて泣けてきちゃったんだね、でもよく走ったよ」と言った。フトシは肩でハアハアと息をしてうなずいていた。その時フトシの身体から不思議な臭いがした。病人のような、饐えたような臭いだった。フトシは不潔ではない。彼のその匂いは不健康そうな匂いだったのだ。心につらさを抱えると、身体にもそのストレスが出るのではないか、その時私はそう思った。

⑥「公園の滑り台の上からおしっこしたんだよ」

シンヤという子はこれまた、よくいたずらをした。静かにしていなければいけない学年集会の時におかしなことをしゃべってしまい叱られたり、うっかりすると「ふとどき者」と思われてしまう子だった。不登校傾向のマサヤ、気の小さいイサムなどと中学年のようないたずらをよくしていた。

そんないたずらはおませな女子から、すぐ報告が来る。

「シンヤたちは公園の滑り台の上からおしっこしたんだよ。マイちゃんの妹の靴にもひっかかっちゃたんだよ」と、〝どうかと思う〟という顔で言う。シンヤたちはニヤニヤしている。

「ほんとにしたの？」と聞くと「うん」と悪びれた様子もなく答える。「何でしたの？」と問うと「面白そうだったから」との返事。叱るにも力の入らないような中学年のようないたずらだった。笑ってしまうが、こうした時期を経るしかない。

「じゃ、今日は自分たちがおしっこしたところを水をかけてきれいに掃除しておきなさいよ」と言うと素直に「はい」と言う。帰りの会が終わると、仲間同士声を掛け合い、「俺、バケツ持ってくるわ」などと、まるで遊びにいく用意をするように楽しげに話し合っている。

シンヤたちはいじめ集団の中にはいなかった子たちだ。幼いままきたのだろうか。今、少年期を生きていた。ゲームセンターでいたずらをしたり、ちょっとした万引きをしたりと事件はちょこちょこ起きた。

そんなシンヤたちが、フトシに体力をつけるんだとしきりに言うようになり、放課後、遊ぶ約束をし始めた。本当に遊ぶのか心配だったが、シンヤの報告によると、公園でバットを素振りしたり、スクワットをしているとのことだった。私はかなり心配になった。

しかし、さらに様子を聞いていくと、フトシの母親は料理が上手なので、いつもフトシの家で手作りの美味しいおやつを食べているという話が伝わってきた。おまけに遊びにはいつしか、ハルカ、ミホなどの女子も加わってフトシと遊ぶ子どもが増えていった。数人でフトシの家に押しかけているようなのだ。お菓子めあてではいつまでブームが続くか、はたまたフトシが利用されることにならないか心配だった。私はフトシの母とは時折面談をしていたので、母親に様子を聞いた。フトシの母親は、

「クラスのお子さんが遊びに来てくれてみんなですごく楽しく遊んでいるのでうれしいです。幼稚園

以来初めてです。今までこんなことなかったのに……」

と笑いながら涙ぐんだ。

フトシ人気はお菓子につられて始まったのは確かだったが、ブームは終わらなかった。フトシには独特の魅力がある。その魅力が放課後遊ぶことでクラスの子どもたちの興味を惹き、またフトシ理解も進んでいった。子ども同士の関係は大人が思いもつかないところから始まるのだ。今まで、このクラスの子はひっそり、あまり教師の目には留まらずに、自分を主張するチャンスがなかった子どもたちだった。その子どもたちがフトシという子を媒介に、生きいきと行動し始めた。フトシと子どもたちが放課後よく遊ぶようになったころ、シンヤが

「フトシは面白いんだよ。フトシっていい奴じゃん」

と私に言いに来た。「どんなとこ?」と聞く私に、「突然びっくりするようなことしたり、面白いこと言うんだよ」とシンヤは楽しそうに答えた。

フトシの家へ遊びに行こうというあたりから、他の親たちもフトシの母親への見方を変え始めていた。一学期も終わる時、お楽しみ会をすることになった。家庭科室でゼリーを作ってお祝いをした。私の教室は校舎のどん詰まりにあり、その先は非常階段があった。そこで、非常階段は非常に役に立った。家庭科室をいったん外に出て非常階段からゼリーを運んだ。そんな秘密めいたことをしているということが子どもたちにとってはまた楽しく、うれしいようで、奇妙な仲間意識がそこにはあった。

7 学芸会で

学芸会の練習が始まった。「ユタと不思議な仲間たち」の劇を学年の出し物にした。フトシは座敷童の役になった。独特の言い回しで、パニックになりながらも張り切っていた。シンヤは村のいじめっ子の役。シンヤもセリフをよくとちる。私のクラスの子どもたちはどこか不器用な子たちが多かったので、誰もそれを責めることにはならない。何が幸いするかわからないものだ。主人公に立候補したイサムも、私はよく演技をしていると思っていたが、ミホ曰く「先生、イサムのセリフ、本番はほとんどアドリブだったよ」だそうで、私には気づかないことを子どもはよく見ているものだと思った。しかも責めていないところがいい。

サトシはこのころから音楽に目覚めていた。さすがにミスズのピアノ伴奏には及ばなかったが。クラスの子どもたちは決してサトシを守ろうという姿勢はなかった。クラスで馴染んでいることで、結果サトシを他のクラスの子がいじめることを防いでいた。子どもたちはこの頃には、「うちら」とよく言うようになった。自分たちのクラスに自信をもてるようになった。

劇が無事成功しフトシの母親はニコニコ顔でお礼に来た。うれしいのはこちらも同じだった。

ゼリー以来、何かしら成功したり、区切りができると当然のようにお菓子を作りお祝いをした。すでにこの頃は、他のクラスにもフトシのクラスはお菓子を作っては食べていることは知れ渡っていたが、ここまで来ると他のクラスを気にすることはなくなっていた。

なんと親たちも料理作りを始めた。「フトシさんのお母さんの料理教室」がサトシのマンションの調理ルームで開かれ、二〇人の親たちが集まった。私は、子どもたち、親たちに助けられここまで来たことに、改めて、クラスをつくるということは、協力・共同なのだと思った。

8 フトシやサトシ、そして子どもたちみんなは宝物

冬が来た。不登校気味のマサヤの不登校が増え始めた。私は朝、電話をかけるのだがその後また寝てしまう。学校に来るのは三時間目あたり。でも給食が食べられるからよしとしようと思っていた。それでもどうしたものかと思っているうちに、マサヤが朝から来るようになった。どうしたことかと思っていると、シゲチャンのお母さんからこんな話があった。

「うちとマサヤさんの家はす向かいでしょ。シゲが『マサヤのお母さんはマサヤが学校に行く前に家を出てしまうから、マサヤは学校に遅れるんだよ。だからぼくが朝、誘うよ』と言ったんです。私は何も言ってないんですよ」と。

以前、シゲチャンのお母さんは「集団登校の時、マサヤが遅れて来るんで、なかなか出発できないので困っています」と文句を言っていたのに。シゲチャンの行動はすごい！　シゲチャンも学校で嫌な思いをしてきた子だ。こんなにやさしい子なのに。シャイなシゲチャンはシゲチャンらしく、そっとシゲチャンらしさを発揮していた。何ともうれしく驚きでもあった。

そんな中、フトシの母親が学校に来た。「先生、フトシがサックスを習いたいって言うんです」とうれしそうだった。家庭環境から自然な成り行きだったのだろうが、サックスという楽器に惹きつけら

れたというのは、何ともフトシらしかった。フトシは毎日、サックスを磨いては練習をしているという。サトシもピアノに目覚め始めた。自分が否定されずに認められると、人は何をしたいのか積極的に考え始めるのかもしれない。フトシとサトシの自分の好きなことへの出会いには驚きと感動があった。

三月、五年生のまとめの会をすることになった。

フトシは、一人で出し物をすると言い出した。サックスを演奏するのだと言う。習い始めてそんなに時間が経っていないので、音程はとれるのだろうかと心配していたが、演奏したいというので一人で出し物をすることになった。あてにはしていなかったが、「星に願いを」を見事に演奏した。

私と子どもたちは、あんぐりと口を空け、そしてうっとり曲に聞き入った。フトシはもう大丈夫だと、私は確信した。

この子たちとの一年間が終わろうとしていた。

私はサトシのために、アトピーの塗り薬をこの一年一度も塗らなかったことに気づいた。フトシがいるから、サトシがいたから、個性的なこのクラスはできあがったのだ。彼らはクラスづくりの大事な宝物だ、と改めて思った。

COLUMN 5

気になる子との関わりをノートに記録しています

鈴木 はるか（東京）

子どもたちは忙しいです。学校では、授業や行事があります。そして家では、習い事があります。友だちと遊んで関わる時間や親と話す時間は取れているのでしょうか。教師も親も時間に追われていて、子どもに付き合っていられないのではないでしょうか。

私が気になる子は、そんな生活に「おかしいじゃないか」と気づかせてくれる子です。「ぼくは、今、遊びたい」「私の話を聞いてほしい」と、子どもたちは訴えてきます。一人の子だけのためにできることは限られ、経験年数が浅い私は対応できないことも多く、授業を強引に進めることもしばしばあります。そんなことがあった日は、放課後に振り返っています。私や学級の児童も困っていますが、一番困っていて、苦しい思いをしているのは、その子だからです。だいたいの子どもたちは、大人に合わせて生活しているだけであって、私の都合に付き合わせてしまい、その子に応えてあげられなかったと毎日のように反省しています。だからこそ、気になる子として、これからのアプローチを考えていくようにしています。

たとえば、まず、仲良くなるために朝や休み時間、給食、放課後の時間を使って遊ぶことを考えます。どんなことが好きで嫌いなのか、じっくりと子どもを理解していくためです。

次に、話を聞く時間をとろうと考えます。家族との関わり方や寝る時間など生活の様子をとらえていきたいからです。

そして、翌日から記録が始まります。時間のない中で記録することは正直とても大変です。全部はできなくても、一日ひとつ、その子とのエピソードをメモすることが目標です。そうしてやっと、その子が困っていることは何なのかを分析することができます。

おかげで子どもたちには、授業の内容がわからなかったり、繰り返して身につけることが苦手だったり、睡眠不足だったり、友だちとの関わりからの苛立ちであったり、様々な困りがあるのだとわかってきました。そして、一人ひとり原因が異なり、さらに、状況によっても変わるものだということも実感しました。子どもと向き合い、一緒に考えていけるようにしていくために、私は、常に困っている子との関わりを記録し、分析し、様々な方にアドバイスをもらいながら実践しています。繰り返していけば、大きく飛躍できるでしょうか。

comment

●驚きました。はるかさんは働き始めたばかりです。なのに、この考え方は、どういうこと？　できすぎです。

少しは恨み言や泣き言を言ってもいいよ、そう思いました。でも、言ってばかりの人にはならないでね。

●ぼくは毎日の出来事を1日に2ページ記録しました。1年で10冊です。大学ノートに書いていると子どもが見えるだけでなく、自分の指導が見えてきます。ああ、ここのところがちょっとなあ、と思った時は必ず同じことが起こりました。だから、次にそなえてシナリオを書き、待ちました。すると、ドラマが。こうなると40代ですね。

（沖縄・丹野 清彦）

4
高学年

オレは変わりたい

佐々木 大介

① 泣きたいのはオレの方だ

龍は、目立ちたがりで勝ち負けへのこだわりが強い。思い込みが激しく、都合が悪いことにはうそをつき、悔しい気持ちを我慢することができない。自分がされて嫌なことでも友だちにはする。反省はするが、同じことを何度も繰り返してしまう。友だちの気持ちを感じ取ったり、自分の気持ちを相手に伝えたりすることが難しい。パニックになると泣き叫び、物を投げつけ衝動的である。それを見たまわりは、「めんどくせー！」「うざっ！」と、チクチクした言葉を返す。

一瞬教室を離れたすきに龍と圭の取っ組み合いのケンカが起きた。話を聞くが、なぜここまで激しくなるか、原因がわからない。教室では、何事もなかったかのように作業を続ける子の多さや「またか」という子どもたちの表情から、この二人のケンカはよくあるという空気を感じた。当事者だけの問題でなく、クラス全体で考え、共有する必要性を感じる。知っていることを付け足しながら、ケンカになった流れをすべて黒板に書き、全員でこの出来事を再現していった。

「おまえの班のやり方がずるい！」

愛が自分で言えばすんだのに、圭を使って龍を注意させた。そして圭と龍がケンカになった。

「お前の好きなやつ、ばらすぞ！」

言い合いはエスカレートし、首をしめ、小競り合いになる。教室のみんなに語りかける。

「二人の様子を見ていて、思ったことを話してください」

「言い合いになってしまった気持ちはわかるけど、首をしめちゃいけない」

「冷静に考えれば、ケンカになるほどのことじゃない。どっちも悪いと思う」

話し合っているうちに、実はこのケンカの原因を作ったのは、圭に注意するように頼んだ愛ではないかという意見が出てきた。

「えっ、私のせい？」

原因を作った愛は、驚いたように声をあげた。トラブルは、クラス全体でその都度なぜそうしたのか、どんな思いだったのかを読み解こうとしてきた。

数日して、泣いている愛の両脇をかためるように数人がやってきた。続いて龍がものすごく興奮しながらやってくる。話を聞くと龍がエロ本を読んでいることをクラスの友だちに言いふらしたらしい。女の子のとりまきは責められて泣いている愛をなぐさめ、暴言を吐いている龍をなじっている。

「泣きたいのは、オレの方だ！」

龍は泣きながら、とても興奮している。事件の流れがつかめた。トラブルを起こす男子のかげで、一見おとなしくよい子の仮面をかぶっている子どもたちをゆさぶりたい！

②負けたくない、言われたら嫌だけど、人には言っちゃう

「龍に嫌なことを言われる」

「だって、最初にお前が」

女の子から訴えがあった。自分が悪いのではなく、言われたから言い返していると主張する。これはいつものことだ。トラブル回避のため、関わりを避けようとする子もいる。

「だから、やめてって言ったでしょ！」

「だって、ふざけているかと思ったんだもん」

先週のトラブルを読み解いた話を振り返る。

「ケンカとか悪口には、必ず原因やきっかけがある話をしたよね。言われたら言い返す気持ちはわかるけど、嫌がっていて『やめて』って言われているのに、続けたらどうなる？　もっとエスカレートするのは当たり前だよね。それで大げんかになったんでしょ」

「オレって自分の嫌なこと言われると怒るけど、人には嫌なこと言っちゃう傾向があって」

龍に関わるトラブルが続くが、一気に変わらないし、人間関係も変わらない。クラス全体に問いかけていくと同時に指導することばかりでなく、よいところやがんばりを取り上げ、トラブルが起きた時には、ていねいに話を聞きながら向き合っていくしかない。第一こう言い出しただけでも大きな成長だ。

男子は、チャイムが鳴ると一応教室に戻って来るが、かなり表情は険しい。

「毎日こんなことになるなら、楽しくないから遊ばない方がいい！」

遊んでいるうちに自分のチームが勝つようにどんどんルールが変わるらしい。

「オレはズルしても勝ちたい！　負けるんだったら、どんなことしても勝ちたい！」

と龍は険しい表情でそう答えた。これが龍の特性だったが、まわりの子が彼を面白がってからかうような雰囲気が私も気になった。

③ 誕生会で友だちとの関わりが

班長会の提案で毎月『誕生会』をしている。定番は『これは誰でしょう？　誕生日を迎える人のエピソード』『みんなからのおめでとう寄せ書き』そして、出し物やゲームである。

当初、男子はやりたいキックベースやドッジボールを主張したが、勝ち負けを争うゲームは楽しくないという意見が多く、みんなが楽しめるゲームに変わった。龍は、お笑いの出し物に夢中になり、友だちとの関わりが見られた。班長会が席替えや誕生会を企画するのを見て、龍が班長に立候補した。

予想通り、落選。

「やっぱり、オレはだめだった」

みんなオレたちのお笑いにウケてたし、面白いって言ってくれてたから、表面的には絶対班長になれると自信たっぷりだったのに、がっかりした様子。

「誰もオレのことなんか気にしてくれない。いつもぼっちだ」

班長選挙で沈んでいた龍だが、健と一緒にお笑いの練習に取り組む中で、周囲とのトラブルが少なくなり『面白いヤツ』という評価を得ていく。次の班長選挙は、『楽しい班にしよう』ということが席替えのテーマで、龍がついに当選した。いつもオレがオレがと自分を主張していた龍だったが、班長に当選し、自分の出番を少し考えるようになった。

「オレは、いつもやってる。今回は時間がないからいいや」

自分のことを優先しない龍を初めて見た。今までやりたいことは、どんなことをしてでも自分を押し通していた。なのに、班長になったことで、ちょっぴりまわりのことを考える。一緒にいる健の影響が大きい。龍は、健がいつも自分のことを我慢して譲ってくれていたことに気づき、班長になった今、それを真似て行動しようとしている。健の存在は彼にとって重要だった。確かになかなか自分を変えることはできないが、この頃から、家庭の出来事や友だちとのトラブルについて、龍が私や健に相談に来るようになった。

④ この席替えはずるい。一人言い張り孤立しているのか

班長としてみんなが楽しいクラスを目指してきた龍にとって、自分と仲が良くない子がそろっている次の班長会が提案した席替えに、納得することができなかった。

「あいつら自分たちばっかり隣に並ぶように席替えしてる」

確かに龍の言うとおり、自分たちの仲良しが、かたまっている。なんとなく口に出せずにクラス全

員が暗黙に了解していたことだが、龍はそれを公然と指摘した。さっそく班長会に質問した。

「今回はあまり遊ばない子を同じ班にして、もっと仲良くなるというテーマだったから、そうやって決めていったら、たまたまそうなった！」

みんな異論はなかったようだが、龍だけは納得しない。オレばっかりいつものけ者にされるという思いをもったようだった。班長たちも龍に指摘された点にそうだと思うところがあり、どうしたらよいのかを迷っている。そこで健が発言した。健はクラスの子どもたちからも信頼されるリーダーで、龍にとっても憧れだった。

「オレ、龍と変わってもいいよ！　その班でも仲良くなれそうだから」

一瞬、龍も『ホント?』とよろこんだが、自分が主張したことで健を巻き添えにしそうな雰囲気に気づき、なかなか首をたてに振らなかった。雰囲気をよく感じたものだ。

「もう一回考えさせてください」

班長たちが、クラスに再度提案することにした。数日たって、

「このクラスは二年のつきあいだから、誰となっても大丈夫。みんなトラブルもないし、解決できるし、まわりがフォローすればＯＫ！　今回は席指定なしのオールくじで！」

という班長会の提案。班長なしという班替えは、したことがない。

「でも今心配な子が三人いるけど、その三人が並ぶ可能性だってないわけじゃないよね」

「大丈夫、何とかなるから。今までだっていろいろ話し合って乗り越えてきたから」

くじを引くと、心配な六人が全員一番後ろの席……。とっくみあいの大げんかをした龍と圭が隣同

士に。だが、隣の席になってもトラブルは見られない。しかし、……うるさい。おしゃべりが止まらない。もしかしてうるさいのを気にしているのは、私だけ？？？　こんな時は聞くに限る。みんなに聞いてみると、やはり私だけではなかった。

「こんなもんだと思ってるから。全然平気！　それにうるさいけど楽しいこともあるから」

この子には言っても仕方ないからと見捨てるのではなく、その子のことを理解して、その子に応じた対応の仕方を子どもたちは身に付けていると感じ、うれしくなった。しかし、

「こいつがすぐに話しかけてくるからだめなんだ！　いっつも独り言ぶつぶつ言うし！」

龍は、かなり攻撃的な口調で圭を責める。すると健が、

健「いや、そうなんだけど、オレたちもその話にのっちゃうからだめなんだと思う」

私「やっぱり圭だけが悪くて、龍はまだ自分は悪くない！　オレのせいじゃないっていう気持ちが強いよね。もう一皮むけるといいよなあ」

龍「でも先生、オレ変わったでしょ！　前とは違うでしょ！」

私「うん、前とは違う。でも今の龍は、言われたことを直そうともしないし、気をつけようともしてないから、ちょっと心配。五年生の時に戻っているかもしれないよ」

こういうことが言えるようになった。班長たちも龍を気にして相談を始めた。

5 みんなオレから離れていく

卒業式が近づいてきた朝、龍の様子がおかしいと健が相談にやってきた。

「先生、龍がずっとつっぷして泣いてる。話しかけてもだめだから先生何とかして」

声をかけると、号泣しながらしがみついてくる。落ち着かせるとゆっくりと話し始めた。

「オレには友だちがいない。みんなオレから離れていく。龍は変わったと言ってくれ、今はいっぱい友だちがいるけど、オレはひねくれて、すぐいじける自分が嫌だ！　中学になったらバラバラになる。オレは、陰であいつ嫌だ!って言ってる。せっかく励ましてくれる友だちができたのに、ひねくれている自分が嫌だ！　変えたい！　変わりたい！」

卒業式練習も山場に入り、別れを感じた龍は、自分を見つめて自己嫌悪に落ちいったのだろうか。

私は、いい機会だと思った。なんでも人のせいにしてきた龍が、初めて自分のことを嘆いた。そして、クラスは一見うまくいっているように見えるが、女子の間でも陰での悪口があった。龍の発言を取り上げ、彼をどう見ているのか話し合いながら、自分のことに置き換えてみようと考えた。全員を黒板の前に集めた。

「龍がみんなに伝えたいことがあるから、しっかりそれを受け止めて応えてほしい」

さっき私に話したことを泣きながらクラス全員に自分のことばで伝えた。それに対して、

「私も四年生の時、いじめられていたことがあったけど、友だちに相談したらラクになったから、私でもよかったら相談していいんだよ。龍は一人で抱え込みすぎるんだから」

「龍と私は似ている。私もずっと泣き虫だった。いい自分に変わっている。乗り越えそうだから悩んでいる。いろいろあるけど、みんなに心を開いていいと思う。そういうクラスだよ」

ずっと龍のことをからかいの対象にしていた愛が涙ながらに思いを伝える。

「みんな龍を友だちとして大好きだと思う。支えてくれる友だちがいるんだから、最後は自分の頭で考えなきゃいけない！　そうしないと龍は変わらない！」

龍は泣きながらもうなずき、しっかり聞いている。なぜ友だちが離れていくと思ったのか、私は聞いてみた。

「オレが友だちに嫌なこと言ってる限り変われない。オレがいる限り、クラスから悪口はなくならない。気がついたら、みんなオレから離れていくのかなあ。オレは一人になったのかなあって」

「このクラスは二六人で一つだから。龍は強がってる感じがする。もっとドーンと頼って！」

「私も実は仲良しだとみんなが思ってる子の悪口言ってた。でも、最近いいところを言うようにして、嫌なことは家の人形に言ってる。龍もそうしてみるといいよ」

一年前、『またあいつかよ！』と言われていた龍にクラスのみんなが本気で思いを伝えた。四時間目が終わって三〇分が過ぎ、いつも『給食早く食べよう』というのに誰も動かない。

「オレ、自分がサイテーだと思って、勝手に壁つくって心を閉ざしてた。みんな、ありがとう！」

龍の心の叫びがクラスみんなの気持ちを揺り動かし、本音をひき出した瞬間だった。

第3章

気になる子・困った子・困っている子

配慮が必要な子への理解と支援・指導

やさしい理論編

大和久 勝

1 「気になる子・困った子・困っている子」をどうとらえたらいいか
子どもの生活・環境の変化から生まれた子どもの変化

「幼さ」「自己中心性」の深まりと子どもの生活・環境の変化

子どもの「幼さ」や「自己中心性」が指摘されるようになって、三〇年近くになります。「我慢すること」や「感情をコントロールすること」「相手の気持ちを理解する」「相手に自分の気持ちを伝える」などがうまくできずにいます。コミュニケーション力、社会性、集団性の欠如・衰退というべきでしょうか。それが「幼さ」や「自己中心性」の背景になっていました。今ますます子どもの姿は深刻になっています。

本来、子どもの社会性や集団性は、乳幼児期の家庭や保育園・幼稚園や地域の遊び集団のなかで体験を通して育てられてきたものですが、今の子どもたちは、その体験が十分にもてていません。家庭は少子化の傾向をいっそう強め、核家族化とあわせ子どもの集団的な生活体験が少なくなってきています。きょうだいゲンカのはなばなしかった頃と違います。また、地域の関わりは、以前とは比べものにならないくらいに衰退してきています。「幼さ」や「自己中心性」の問題の深まりは、子どもの生活の変化とともに進んできています。

家庭、地域の変化だけではありません。学校も大きく変化してきています。そして、さらに注目しなければいけないのは、子どもに接している大人の変化です。

【低学年の子どもの変化】

かつて、低学年の子どもの大きな変化が語られた時期がありました。もう一五年以上か二〇年近く前のことです。立ち歩く、言うことを聞かない、ヒステリーを起こす、いじける、教室を飛び出す、突然パニックを起こすなど。自分の感情がコントロールできないで、扉や壁をたたいたり、いすや机を倒したり、鉛筆や筆箱を投げたりもします。そしていじけます。掃除用具のロッカーの中に閉じこもったり、机の下にもぐったまま出てこなかったり、廊下や教室の隅っこにしゃがみ込んで固まってしまったりといろいろです。

その頃私たちは、そうした傾向が男の子に多く出ていたので、「ガマンできない男の子」の問題として、社会的に甘やかされて育つ男の子の幼さ、そして母親のしつけの不十分さや間違い、子育ての父親不在などを、その背景ととらえました。

確かにそうした分析も当たっていた部分もあったと思うのですが、実は、この頃からの子どもの変化には、今私たちの間で話題になっている「発達障害」との関連が考えられるのです。そうした子どもたちの中にはLD、ADHD等で、苦しんでいた子たちも多かったのではないかと思われます。そういう発達障害の視点からもその子を見てあげていたら、もっとその子たちへの理解も支援の仕方も変わっていた、変わっていくと考えたのです。

二〇年以上前に、小学校で見られた子どもの変化の様子は、今、中学校でも高等学校でも普通に見られるようになっています。また、私たちが小学校低学年の子どもの変化に気づく前に、すでに幼稚園や保育園での子どもたちの変化に、幼稚園の先生や保育園の先生たちは気づいていたのです。

子どもの変化というものは下からやってくるのです。そのことは、子どもの変化を見るうえで重要なことです。

【全国的に起きている「小1プロブレム」】

「小1プロブレム」とは、学校側から見れば小学一年生が集団生活に馴染めずに授業や学級運営に支障をきたすことを指していますが、子どもが学校生活に適応できず、大人の助けを必要としている状態です。通常、入学後の新一年生が新しい小学校の生活に慣れるまでに一か月くらいはかかっていましたが今はその期間が長くなりました。

ではなぜそのようになったかといえば、生活の変化から来た子どもの変化が原因となっていると言っていいと思います。先に見た、幼児期からの子どもの変化、低学年期の子どもの変化の状態が、広く蔓延し、常態化してしまっていることから来た問題だと考えます。

「小1プロブレム」における特徴はどのようなものだと言われているのか見てみます。

(1)授業中に座っていられない子どもが何人もいる。

小1プロブレムで特に多いのが、授業中、自分の席に静かに座っていられない。先生が注意してもなかなかおらない。教室から出て行ってしまうこともあります。具体的には、①立ち歩く、教室から出て行ってしまう。②飽きたり疲れたりすると床に寝転がる。③落ち着かない、友だちにちょっかいを出す。④友達とおしゃべりする、いきなり先生に話しかける。⑤姿勢が崩れる、手や足で物音を立てる、などです。

(2)先生の指示が、理解されていないことがある。

子どもが先生の指示通りにできないということは、指示を理解していないということに原因があります。具体的には、①聞いていない。全体に指示したことを自分に関係あると思っていない。②指示は聞いているが、内容を理解できない。③聞き間違える。聞き取りが苦手。④話が長くなると途中で飽きてくる。聞かない。⑤返事もするが、覚えていられない。複数の指示があると最後しか覚えていない、などです。

(3)ちょっとしたことで友達とケンカになってしまう。

子ども同士の人間関係のトラブルが多発することも、小1プロブレムの一つの特徴です。どの子も悪気がないのに、ささいなことからケンカになってしまう。具体的には、①すぐケンカになる。体に触れられることに過敏な子や、衝動性の強い子は、些細なことをきっかけに、ほかの子ともみあいになってしまう。②我慢できない。我慢する力が弱い。思い通りにならないとイライラして乱暴になることがある。③ひと言多い。状況理解が苦手で、思ったことをなんでも悪気なく口にする。④勝手に言う。目についたら他人のものでも躊躇なく手に取ったり勝手に使ったりする子が多い。トラブルの原因に。⑤ルールが守れない。順番に並んだり待ったりできなかったり、ルールがわからなかったりしてトラブルになる、などです。

こうした状況は年々広がっています。「小1プロブレム」は、やがて、「低学年プロブレム」と言われるようになってしまうのではないかと危惧します。

【最近の「問題行動」の変化】

(1)非行・問題行動の姿は、ここ一〇数年の間で大きく変化

変化の第一は、大半の暴力の場が学校外から学校内に移っていることです。「学校外の暴力」は減少しましたが、対教師暴力や器物損壊、生徒間暴力、対人暴力など「学校内の暴力」は増加しています。

第二の変化は、暴力の主体が集団から個人へ、複数から単数に変化していることです。これは、少年事件だけでなく、中高生の「対教師暴力」にも顕著にみられます。かつての対教師暴力はツッパリ生徒たちが徒党を組んで教師に反抗しました。そして、そのツッパリ集団のほとんどが卒業生や地域の非行少年・暴走族・暴力団などともつながっていました。今はそのような集団はごく一部であり、その集団の結束力も弱くなっています。現在では、どの学校でも暴力の個人化傾向が顕著になっています。

第三に、子どもの暴力が個人化するとともに、その暴力が衝動性を強めていることも特徴です。教師の指示や叱責に対して突発的に起こる「対教師暴力」、ちょっとしたことがきっかけで起こる「対生徒間暴力」「器物損壊」などにはっきりと表れています。

(2)変化の背景に何が

二〇〇五年九月の各新聞紙上で「小学生の校内暴力最悪」「もがく先生」「対教師暴力急増」などの衝撃的な見出しが大きく並びました。そして、二〇〇六年九月にもまた、同様な記事が出されました。二年連続しての報道に共通したものは、「キレる小学生」と「対教師暴力増加」ということで、似たような事例が書かれていました。

「運動会の練習中、『整列』の指示に反発して教師を蹴った」（小六男子）「あいさつの仕方を指導した担任にいきなり殴りかかった」（小五男子）「友達同士のトラブルを仲裁した教師に暴言を浴びせ、殴る、蹴るなどの暴行を働いた」（小五男子）などは、「対教師暴力」の事例です。

「悪口を言われたと思って、一年生の顔を殴った」（小三男子）「休み時間にドッジボールをして遊んでいたが友達の言葉に腹を立て、いきなり相手の顔面を殴った」（小二男子）「気に入らないことがあると机に寝そべり、いきなり他の児童に暴力をふるった」（小五男子）などは、「生徒間暴力」の事例です。

ほかに「器物損壊」というのもありました。「休み時間中、友達との意見の違いから不機嫌になり、校舎のガラスを割った」（小六男子）「授業中、着席するように教師から指導されて腹を立て、教室の窓ガラスを割った」（小三男子）などの事例が報告されています。

実は、こうした事例は、小学校のどの教室にも普通に見られるものになっているばかりか、今では、中学校や高校の教室でも見られる子どもの姿なのです。二〇〇九年の文科省報告によれば、似たような事例が中高の例として報告されています。

これらの暴力事件は、子どもの荒れの背景にある子どもの生きづらさや発達障害傾向をもつ子への周囲の無理解と教師の指導のすれ違いによって生じているものが多数です。

また、暴力を振るう子どもたちの多くが家庭内で暴力を受けているという文科省のコメントにも注目しました。暴力を学んで学校に来てしまう子、あるいは家庭の体罰・暴力によって「二次障害」の芽を抱え込んできている子の問題があるのだと思います。

(3)虐待・ネグレクトの増加

年々増加の一途を辿っている虐待の増加は何を意味しているのでしょうか。虐待防止法により周囲の監視が厳しくなったことも増加件数の一因でしょうが、虐待・ネグレクト・育児放棄などと言われる背景にあるものを見つめる必要があります。

よく言われてきた愛情を受けずに育った親、虐待を受けてきた親による虐待、すなわち暴力連鎖のような虐待という説明だけでは済まなくなっています。虐待・ネグレクトの背景に、①現代の子育ての困難さ（多くの人が抱える孤立した子育ても要因）②子どもの育ちにくさ（とりわけ発達障害の子ども）③貧困による子育て条件の悪さ、などがあります。

多くの人は、孤立した子育てを強いられています。自己責任論も背景にあります。貧困という問題もあります。最近の子育ての難しさも、虐待・ネグレクトを生んでいます。①~③は相互に乗り入れしているのですが、今注目しておかなければならないのが、虐待の背景に共通して子育ての困難さがあり、困難さの背景に「発達障害」の問題も見えているということです。

【いじめについて考える】

特に、いま学校教育現場の中で、最も重要な課題となっているいじめの問題については、「いじめをとらえる視点」「いじめの構造」「いじめる心理」「いじめの背景」に分けて考えてみたいと思います。

(1)いじめをとらえる視点は？

①いじめは日常生活の延長上で生じ、当該行為がいじめか否かの逸脱性の判断が難しいところに特徴があります。文部科学省は、一九八五年以来「自分より弱い者に対して一方的に、身体的・心理的な攻撃を継続的に加え、相手が深刻な苦痛を感じているもの」としてきました。

②その後、二〇〇六年に「一定の人間関係のある者から、心理的・物理的な攻撃を受けたことにより、精神的苦痛を感じているもの」と変更をしました。いじめられる側の精神的・身体的苦痛の認知として見直すことで、児童生徒がいじめを認知しやすいようにしたものです。

③しかし、いじめられる児童生徒は加害者を訴え出る意欲を奪われ、無力感に陥ってしまいかねません。従来の調査基準にみられる「いじめは力の優位—劣位の関係に基づく力の乱用であり、攻撃が一過性でなく反復継続して行われる」という指摘は、いじめの本質を的確に言い当てています。

(2)いじめの構造は？

①いじめを理解する上で、重要な視点は、いじめが意識的かつ集合的に行われるということです。い

じめられる児童生徒やその周辺が他者との関係を断ち切られ、絶望的な心理に追い込まれていきます。そこには、ある個人を意図的に孤立させようとする集団の構造の問題が潜んでいます。

②いじめは、いじめる側といじめられる側という二者の関係だけで成立しているのでなく、「観衆」として、はやしたてたり面白がったりする存在や、周辺で暗黙の了解を与えている「傍観者」の存在によって成り立っているという点の理解が重要です。

③日本のいじめの多くが同じ学級の児童生徒同士で発生することを考えると、教室全体にいじめを許容しない雰囲気が形成され、傍観者の中からいじめを抑止する「仲裁者」が現れるような学級づくりを行うことが望まれています。

日本は欧米諸国に比べて年齢と共に、「傍観者」の出現率が高くなり「仲裁者」の出現率が低くなっています。なぜそうなるのか。重要な指導課題となっています。

(3)いじめる心理は？

①心理的ストレス。過度のストレスを集団内の弱い者への攻撃によって解消しようとするものです。

②集団内の異質な者への嫌悪感情。凝集性が過度に高まった学級集団などにおいて、基準から外れた者に対して嫌悪感や排除意識が向けられることが起きます。

③ねたみや嫉妬感情。

④遊び感覚やふざけ意識。

⑤いじめの被害者になることへの回避感情。

などが、考えられています。いじめがどのような感情から起きているのか、どのような集団関係の中で起きているのかを見ていくことが必要です。

⑷いじめの背景にあるものは？

競争の教育が、子どものストレスの最大の因子になっています。子どもを早くから「できる子」「できない子」により分け、多くの子どもが劣等感を与えられ、「わかるよろこび」や「みんなで学ぶ心地よさ」を得ることができないでいます。

競争の教育と一体で進められている管理の教育は、子どもたちの様々な問題行動を上から押さえ込むものです。たとえば、この十数年「ゼロトレランス（寛容ゼロ）」による生徒指導が各地で行われています。子どもが失敗したり、悪さをしたりするのは、何らかの悩みや事情があるからですが、そうした悩みや事情を聴きとられず、頭ごなしに否定されたり機械的に罰を与えられたりすれば、子どもは心に憎悪の感情を抱くようになります。

また、「学校スタンダード」による学校生活での型の押しつけは、子どもたちに過度のストレスを与えています。

受験競争は低年齢化し、塾通いの割合は十数年で倍近くに増え「時間的ゆとりがない」と答える子どもが多くなっています。子どもたちは忙しく遊ぶ時間も減っています。子どもの遊びは、子どもの心を解き放ち、友達とのトラブルを解決しながら人間関係も学んでいくもので、子ども期に欠かせないものです。それが減っていることは大きな問題です。

「いじめ」は、子どもの苛立ちの発散という面があります。「いじめ」が過去と比べ深刻化し、日常化しているのは、子どもたちが強いストレスのもとに置かれ、たくさんの苛立ちを抱えているからではないでしょうか。

子どもたちのストレスを考えるとき、学校教育自体が競争的で管理的になっていることを考えないわけにはいきません。

② 発達障害など特別なニーズをもつ子の理解と支援・指導をどうしたらいいか？

【特別なニーズをもつ子どもとは？】

学習上あるいは発達上の困難を抱えている子どものことを「特別なニーズをもつ子」と言っています。非行少年、被虐待児、病気療養児、外国人子弟、不登校・登校拒否児、学業不振児、盲・聾・肢体不自由・知的障害、発達障害など、数多くの子どもたちが含まれています。その中でも、最近大きな話題、問題、課題として登場しているのが、ＬＤ、ＡＤＨＤ、高機能自閉症、アスペルガー症候群など「発達障害」の子どもたちの理解と支援・指導についてです。

二〇〇七年から文科省の「特別支援教育」の対象とされたということもあり注目されていますが、通常学級に在籍している場合、学習参加・集団参加に困難さを示し、教師や周囲の児童から、親からも、「困った子」として見られていることが多くあります。特別支援学校や特別支援学級に在籍している子どもたちに比べ不安定であり、理解・対処・指導に苦労しているのが実情です。

「気になる子」「困る子」「困った子」と言われる子どもたちの中に、ADHDやLD、高機能自閉、アスペルガーなど「発達障害」の子どもたちが、数多く報告されるようになってきました。

また、いじめや不登校、学級崩壊、校内暴力、対教師暴力などの問題と絡みながらクローズアップされてもきています。しかも「発達障害」の傾向にある子たちは年々増えています。診断を受けている子もいれば、そうでない子もいます。ボーダーラインの子どもや似たような傾向を強く示す子どもたちを加えると、相当数の子どもが「気になる子」となっています。

【発達障害をどう見るか】

文科省が要支援対象とした発達障害にはどのようなものがあるのでしょうか。紹介してみます。

LD（学習障害）

知的発達に遅れはないが、聞く、話す、読む、書く、計算する、推論する等、基礎的学習能力に著しいアンバランスがあります。また、ADHDを併せもつ子が多いと言われています。

ADHD（注意欠陥多動性障害）

不注意・多動性・衝動性の三つを基本症状とします。また、ADHDは、「関係の障害」としての側面をもつものと言われています。学校場面で起こる様々な問題は、ADHD固有の行動特徴のみによるものでなく、ADHD児の行動に対する周囲の人たちの反応（注意する、叱る、禁止する、無視する）

との相乗作用によって形成されているのです。したがって、ADHDの行動特徴に応じた支援と同時に、周囲の環境を調整し二次的な情緒障害を防ぐことがポイントになります。

高機能自閉症（アスペルガー症候群含む）

自閉症の児童生徒については、教師や周囲の子どもたちがその言語や行動を理解していくことが難しいと言われています。自分の意思が通じないことからパニック行動につながることがあります。

アスペルガー症候群の特徴は、①人との関係を上手くもちにくい。②話し言葉の発達の遅れはないが、コミュニケーションをとりにくい。③想像力の特異さがある。知的にも言語的にも、普通の子と変わらないから「なぜ、あの子は」「他の人はやれるのに」「あなただけどうしてできないの」と見られてしまう。また、親のしつけや環境や性格が理由になってしまい、「困った子」というレッテルが貼られることが多いのです。

近年の広汎性発達障害、自閉症スペクトラム障害の表現と重なるものです。

ここで発達障害の子どもを見る視点を整理してみます。

発達障害の子どもを見る視点

①基本的には、発達の凸凹、アンバランスとしてとらえる。

②発達障害傾向は「生きづらさ」として表れている。生きづらさゆえに診断に行きつく。以前よりも多いのは、あぶり出されてきているとみる。

③その生きづらさは、家庭、地域、学校の許容度、寛容度の低さが原因ではないか。日本の社会のといってもいい。

④理解の困難さは、おとなたちだけでなく子どもたちもまた異質な子に対する許容度・寛容度を失っていることにある。

⑤発達障害を増幅させている社会的（環境的）要因についても、考えてみる必要がある。（虐待・ネグレクト、生活リズムの崩壊、ゲーム・ネットへの依存、添加物の摂りすぎなど）

⑥一次障害からだけでなく二次障害からも考える。（愛着障害にも注意を）

⑦特性の理解から支援へ。

トットちゃんからのメッセージ

黒柳徹子さんは日本の著名な学者からLDの代表のように言われていますが、新装版『窓ぎわのトットちゃん』（講談社、二〇〇六）のあとがきの中で、「発達障害」のことについて大事なことを語っています。

それは、周囲の理解が何よりも重要だということです。周りの大人や子どもが、その子のもっている特性を理解し認めてくれたら、不登校になったり、いじめにあったりなどしないというようなことを言っています。黒柳さんの著書『小さいときから考えてきたこと』（新潮社、二〇〇四）の中にはさらに詳しく書かれています。特別支援教育の最重要なテーマを指摘していると思います。

【気になる子どもの問題を発達障害だけで見ていいのか】

ところで、子どもの変化を「発達障害」の問題にのみ見てしまったら子どもの成長を促す課題を間違えてしまうのではないでしょうか。

子どもの成長にとっての条件は年々悪化しています。子どもが子どもらしく育ち少年期を迎えるような環境が整っているだろうか。親の教育力には問題がないだろうか。学校や学童の教育力に問題はないだろうか。地域社会の姿や子どもを取り巻く文化状況に問題はないのだろうか。

そういった問題とあわせて子どもの成長を見る目がないと、その子どもに何を求めるべきか、周囲の大人、家庭、学校、学童や社会、行政に何を求めるべきかが曖昧になってしまいます。

【愛着障害傾向にも注目】

「親などからの虐待・ネグレクト」による障害傾向が最近増えています。愛着障害と言われるもので、ADHD等の発達障害と同じような状態を示します。

愛着障害とは、乳幼児期に長期にわたって虐待やネグレクトを受けたことにより、保護者との安定した愛着（愛着を求める行動）が絶たれたことで引き起こされる障害のことです。

子どもは母親に甘えたり頼ったりするのは当然の行動で、これを愛着行動と言います。しかし、愛着をもつべき対象がいないままだったり、またいたとしても虐待を受けたり育児放棄されている場合は子どもの情緒や精神的発達を妨げます。そのために問題行動を起こしたりするのを愛着障害と言います。

愛着障害を示す子どもには衝動的・反抗的・破壊的な行動が見られます。他人とうまく関わることができず、特定の人との親密な人間関係が結べない、見知らぬ人にもべたべたするといった傾向もみられます。

育っている家庭環境が大きく関係しています。悪い環境から離し、健全な環境で養育されれば症状は改善されます。薬などは必要がありません。根気よく愛情をかけてあげると愛着障害はよくなります。

発達障害と愛着障害は似ているように見えますが、違います。発達障害は、先天的な脳の機能障害が原因と推測されていますが、愛着障害は、後天性の心理的精神障害です。愛着障害は治るものなのです。しかしいま発達障害と愛着障害の両方の診断を受けている子どもが増えていると言います。

子どもの特性と子どもの育ってきた背景の両方を見て、主たる原因は何かを考えることなしに、ケアの方向は見つかりません。

③ 発達障害をもつ子どもに、学校が保護者とともにできることは何か？（実践体験から）

【A君との出会いから】

子どもの変化が話題になり始めたのは、ずいぶん前になります。低学年の子どもたちの様子がおかしいという話題からスタートしました。教室を飛び出す子、授業中でも立ち歩く子、簡単なことにすぐキレてしまう子などが、どの学校でも話題になりました。その話題は都市部だけでなく全国的に広がっていきました。

子どもの変化が各所で話題になっていた頃、そして、まだ「発達障害」という知識もない頃、私は「ADHD」（注意欠陥多動性障害）のA君と出会いました。入学式後に親から子どもの診断書を手渡され「ADHD」のことを知りました。養護の先生と一緒に診断書に書かれていることを読解したことを覚えています。

A君は、自分の感情がコントロールできないで、扉や壁をたたいたり、いすや机を倒したり、鉛筆や筆箱を投げたりもしました。そしていじけます。掃除用具のロッカーの中に閉じこもったり、机の下にもぐったまま出てこなかったり、廊下や教室の隅っこにしゃがみ込んで固まってしまうとかいろいろです。

そんなA君も、人を傷つけたり人の物を壊したりはしませんでした。結果的には自分の物を壊したり、自分を傷つけたりということになります。やがて、まわりとの関係次第で人の物を壊すとか他の人に危害を加えてしまうということもありましたが、自分の気持ちをコントロールできないということが一番の原因でした。

A君との二年間はあっという間に過ぎましたが、そのことを契機に子ども理解に発達障害という視点も入れるように頭を切り替えました。子どもの問題の背景を複合的に見るということです。発達障害の視点だけで子どもを見たとしたら、それは正しくありません。一面的、一方的に見ては失敗します。数は少なかったとしても、遠い以前から、発達障害をもつ子たちと出会ってきたはずです。その時に私たちは、精いっぱい子どもの指導を進めてきました。いつでも、子どもの心に寄りそいながら子どもの苦悩を受けとめようとしてきました。そうした指導の基本は忘れてはならないことです。その上で、発達障害の問題を「子ども理解」の一助にしようという考えです。

同時にこの問題は「受けもった一担任に任せてすむものではない」という考えも強くもたせてくれました。A君の場合、診断書つきでしたから、周囲が協力的でした。教職員の支援体制も保健室を中心にしてつくってくれました。親たちも事情を知って応援してくれました。子どもたちも、特別にあたたかく接してくれました。二四人という学級規模も幸いしました。

しかし、そうした条件が揃っていても大変だったことは間違いありません。協力・共同し合える体制づくりとともに、応援してもらうにはその人的な保障が必要です。時には、その子を個人指導するための教室も必要とします。例えば、パニックを起こしたとき、あるいは落ち着かなくなったとき、気持ちをコントロールしたり、クールダウンさせたりする場所が今の学校には少ないのです。

その数年後、私たちの学校に「教育相談部会」という組織ができました。

【情報の共有・課題の共有で――教職員の連携・協力】

「教育相談部会」をつくるきっかけになったのは新学期を迎えた入学式の時でした。教室にじっと座っていられないばかりか、体育館の入学式でも自分の席に座っていられないという子どもがいました。私は、誘導係だったので、じっとしていられずに動いたり席を離れたりしてしまうその子の隣にしゃがんで体を押さえる仕事をしました。教室に戻った時は、教室から出て行ってしまうその子を追いかけまわしました。

その時の驚きは、私たちに新しい決意をつくり出しました。担任だけに任せるのでなく、みんなで指導していこうということです。その中心になる会として「教育相談部会」が作られたのです。校長、教頭、養護教諭、教育相談担当と関係教職員とで構成する会です。

その年以降、どの学年にもいる「軽度発達障害」(当時はそう呼ばれていた)の子やその傾向のある子たちを対象に「教育相談部会」が作られ、互いに助け合うシステムを育ててきました。「ひとりに抱え込ませない」「ひとりで抱え込まない」が合い言葉でした。特別補教体制を組んだり、職員室と教室をつなぐ電話を入れたりもしました。当時は、「学級支援員」もいなかったのです。


そして私も、三年生の海田君を受けもった時に「教育相談部会」のメンバーと話し合いながら実践をすすめました。海田君は、低学年期に「ADHD」と診断されていました。三年生になって見せてもらった診断書には「ADHDとアスペルガー症候群の合併症の疑いがある」と記されていました。当時、LDやADHDは聞いていましたが、アスペルガーに関しての知識はありませんでした。

日々観察し記録することから始めました。読みやすいように大きく書き、様子がわかりやすいように記録用紙の左側の空欄に「天気マーク」を書いたのです。毎日、教育相談部会のメンバーに読んでもらい、週ごとに職員室で回覧させてもらいました。感想や意見を聞きました。毎週金曜日の生活指導朝会では教育相談部会の話し合いの経過や結果が部会の責任者から報告され、みんなで確認しあいました。

これらのことは、私にとっては、とても心強いことでした。たとえば、失敗を繰り返す朝会や集会には本人の意思やその時の様子によって判断し、無理強いさせない、そのときは担任である私が付き添っていていいということを提案し認めてもらいました。出張当番も、トラブルの種になってしまうので当面ということで免除させてもらいました。また、海田君が一人でいたいときのために、多目的室の隅の一角をパネルで仕切って海田君ルームとしてもらいました。これらの特別な処置は、海田君を指導していく上で大きな安心となりました。教職員間の連携・共同は、支援員制度などができた今でも、大事なことです。

当事者性の共有で――保護者との連携・協力

「ひとりで抱え込まない」というのは、私たちにとってだけでなく、保護者にとっても大事なことです。また、教師と保護者との協力・共同が、保護者同士の協力・共同を育てることにもなります。

海田君のお母さんは、初めて会ったとき、「愛と忍耐がすべてです」と言われました。私は意味をよくつかめませんでしたが、子育ての中での苦労や、近隣、親族からの評価・誤解など、つらかったことが多かったようです。「何度、この子と死のうと思ったことか」という話から、切羽詰まった当時の思いが伝わってきました。

そして、こうも言われました。「ADHDだという診断を受けたとき、救われた気持ちでした。私の子育てに問題があったわけではないんだ」と。

この子たちは、三～四歳をピークにして、かなりの逸脱行動を見せます。その頃の子育ての難しさは、「発達障害」の知識のない人には、想像を絶するものだと思われます。しつけがうまくできていないためではないかと悩み、時には過度な罰を与えたり折檻したりなどを繰り返すことがあっても不思議ではありません。この子たちは、否定的な評価を受け続け、自己肯定感が低くなってしまっているということはじゅうぶん考えられることです。「他の人ができることを、あなたはどうしてできないの」と何度も言われ、「僕は、ダメなんだ」と思っている子は多いでしょう。自己肯定感の低さが、この子たちの最大の弱点であり課題です。

実は、お母さんたちも同じです。自信をなくしています。幼稚園や保育園の時代にもずいぶん人に頭を下げたのでしょう。保護者会などでは、肩身の狭い思いもしたでしょう。小学校に上がっても、どうなることか心配です。ADHDや他の発達障害を心配している人の中には、先生にそんな話をされるのではないかと身構えている人もいます。「うちではいい子です」「うちの子がおかしくなったのは先生が受けもたれてからです」と心無い反撃をしてくる保護者がいるのもそんな事情からです。

海田さんの場合、学校に対する期待とともに、学校や担任教師への不信感も強くもたれていました。二年生終わりの時期に開かれた教育相談部会で「やっぱりADHDだったでしょと言われるだけで、ADHDのことを勉強してくれているんですか」「学校としてADHDの子どもの指導をどう考えられているのですか」「私の子どもの居場所が掃除用具の上だなんて…」と怒りや悲しみが抑えられないようでした。

子どもを育てる当事者はまず保護者です。そして学校の先生や学童の先生たちです。さらに、親族や近隣の人たちにまで及びます。しかし、何と言ったって、保護者と先生は二人三脚で子育てをすることになるのです。まさに当事者同士の関係ですから、互いに心を開いて信頼し合い知恵を寄せ合わなくてはいけません。

先生の側からすれば、今までの子育ての苦労と今でも続く困難さに共感を示すことが大事です。「今まで大変だったでしょ。親だけで苦しまないで一緒にやっていきましょう」と声をかけるか、具体的な提案を通して「一緒に指導していきましょう」とメッセージを届けるといいと思います。海田さんは、やがて子どもの生い立ち・生育暦、子どもの趣味・得意、クセや好み、家での効果的な指導法などを話してくれるようになりました。

保護者との協力・共同は、当事者性の共有によって築きあげられてくるものです。専用の「連絡ノート」をつくって、家庭の様子、学校や学童の様子の交信であるとか、要望や要請のやり取りの場を育てるというのも、一つの方法です。保護者の条件にもよりますが、遠足・見学等の際の付き添い、授業の参観や、授業への間接的直接的な参加も効果があります。付き添いなどはあくまでも臨時の措置ですが、失敗を避けるという意味では有効です。授業の参観や参加についても補助的な意味合いもありますが、子どもの集団参加、学習参加の状況を知り、課題を認識したり、親がわが子と関わる子どもたちとつながることができたりするというのは重要なことです。

海田さんの場合、毎週金曜日、図工の時間に一緒に授業を受けてくれました。そのあと、給食前の時間帯を利用して、子どもたちにお話や絵本の読み聞かせをしてくれました。毎週の、その時間は「お話玉手箱」と呼んで、誰もが楽しみにする特別な時間となり、それがきっかけになって海田君のお母さんとクラスの子どもたちが親密な関係をもつようになりました。その評判を子どもから伝え聞いて、他の保護者の理解と応援が広がっていったのです。

「困った子は困っている子」――出会い直す

要支援児への実践を進めるうえで大事なのは、「困る子」「困った子」として見るのでなく、「困っている子」として見るという「子ども観」の転換です。

実はこれが実践の半分を決めるくらい大事なことなのです。なぜなら、周囲の子どもたちや、保護者の意識を左右することだからです。そして、子ども観の転換は指導観の転換を導きます。

しかし私たちは「困った子」としてとらえることがほとんどです。そこで、そういう子どもたちと「どのように出会い直すか」が大切になるのです。私は、私自身の実践（『「ADHD」の子どもと生きる教室』新日本出版、二〇〇三）の中で「出会い直し」の大事さを実感しました。

暴力をしたり、切れたり、パニックを起こしたりするのは、「困っている」ことの訴え、叫びなのだということを理解するには、ある一定の時間が必要なのだと思います。子どもが示す、もめごと、けんか、逸脱行為など、様々なトラブルと関わることで見えてくるのです。

ADHDと診断されていた海田君は、奇妙な行動をとる子、指導の入らない子、際立った異質性を示す子として、受けもつ時から大変さは覚悟していたのですが、「困っている子」としての見方を助けにしながらも、なかなか思うように実践は進みませんでした。「困った子」という意識も出たり入ったりしていました。

そんな気持ちが、大きく私の中で変化していったのが、子どものパニックに遭遇していった時です。

四月後半から次々にパニックを起こしたりして失敗をしました。三度目の大きなパニックの時でした。楽器をいじりたくて入り込んだ音楽室から海田君を連れ出しました。以前にも楽器で失敗していました。音楽室の前の図工室に入ってキャーキャー言って暴れる海田君をしゃがんで抱きかかえました。初めはいつものように抵抗しましたがだんだん脱力し、私の背中に手を回してきました。やがてしくしくなき始める彼を抱きながら、何かとても切なくなってきてしまったのです。「自分の感情や行動を自分で思うようにコントロールできない苦しさ」が伝わってきました。私は、震える彼の体を抱きしめながら「彼の味方になってやりたい」と思ったのです。

これが、私にとっての海田君との一番印象強い「出会い直し」でした。「出会い直し」は、この後も何回か繰り返しましたが、このときの「出会い直し」は私の実践を大きく決定づけました。その時の「共感」の深さが、その後のすべてを決めていきました。

【子どもは子どもの中で育つ――居場所と出番を】

海田君は、自己肯定感をもてずにいました。「できない」ことを「できるはず」と見られ、否定的評価を繰り返し受け、自尊感情も低めてしまっていました。しかし、海田君だけでなく、今の子たちは、自尊感情や自己肯定感が低い子たちが目立ちます。ですから、この問題は「発達障害」の子どもだけでなく、多くの子どもたちの問題なのです。私は、海田君への指導を通しながら、どの子にも海田君と同じように居場所と出番をつくり出そうと考えました。

授業や仕事や遊びやおしゃべりなどを中心とした班の生活を充実させること。係り活動に文化性を加え自分の好みと得意を生かせるようにすること。共同の学びをつくり出し共に学ぶよろこびをつくること。みんなで創意工夫して作るイベントや行事を大事にすること。そんな授業づくり・生活づくりの中で、海田君との関わりも育てていきました。

学級の班から出発した「海田君応援団」や、海田君の得意からスタートした学級内クラブの「将棋クラブ」や「折り紙クラブ」の活躍が力を発揮しました。どの子にも居場所と出番をつくるというのが私たちの集団づくりの方法です。

居場所は、信頼し安心できる人間関係であり、出番は授業や学級活動で活躍することです。その安心と自信の中から自己肯定感が育ち、自立していくことができたのです。中でも、海田君の得意に目をつけて海田君応援団といっしょに作った「フラフープ体操」の創作は秋の運動会の成功につながりました。

曲は、ホワイトベリーの「夏祭り」。モーニング娘。大好きの女子のリーダーたちの手によるものでした。前年の運動会は練習で失敗を繰り返しまともな参加ができませんでした。しかも、その時からパニックも多くなっていったので、この年の運動会は何としても成功させたかったのです。学年ダンス「フラフープダンス・夏祭り」の創作には海田君もダンス実行委員の一人として加わり最後まで学年の輪の中心にいて活躍することができました。海田君は、得意の機械操作と隊形移動、反省会の司会、フラフープの運搬・出し入れなど多様な仕事を務めました。

他の子と協力し合ってやり遂げたこの時のよろこびと自信は、その後の海田君の大きな変化をつくり出しました。日常の授業や仕事への参加もできるようになり、自分の感情や行動を自分でコントロールできていくようにもなりました。

自己肯定感は、他者との関わりの中で、育つものです。共に生きる教室の子どもたちの支えと評価で、自分への肯定的見方ができていきます。子どもは、子ども集団の中で育つのです。

④ 実践記録（第２章）から、〈気になる子・困った子・困っている子の指導〉を学ぶ

第2章には、四つの実践記録が紹介されています。

古関さんの「気になる絵里、気になる母」は、一年生の実践。発達のアンバランスを抱えている絵里という女の子と、子育てに自信をなくした絵里の母が登場します。絵里と、絵里の母の両方に寄りそった実践です。

二つ目の中村さんの実践は三年生。低学年時から暴力・暴言の多かった幸太とその仲間たちで展開する物語。幸太の行動の「なぜ」を読み解き、子どもたちと共有し、幸太の出番を築いていく実践です。

三つめの今関さんの実践は、五年生。無視と排除にさらされていたフトシとサトシが、子どもたちの関係の変化、親たちの関係の変化に支えられて、個性豊かな生き方をし始めるという実践です。

最後の佐々木さんの実践は六年生。発達の課題をもち二次障害も抱え始めたとみられる龍の自立をめぐる実践。龍との出会い直しがバネになって、龍の自分づくりが進められます。「オレは変わりたい」という龍の叫びに向き合うという実践です。

いずれの実践も、学級の中で、一番気になる子・困った子に焦点を当てて、その指導記録が綴られています。登場する子どもはそれぞれに個別な事情を抱えていますが、共通した指導上のポイントを

明らかにしてくれています。

第一は「子ども理解」です。気になる子・困った子・困っている子への指導は、「子ども理解」が優先されます。その子をどのように理解するかがカギを握ります。そのためには、子どもといつどのように出会い直すかが肝心です。また、理解が広く行われることも大事です。担任教師一人の理解にとどまることなく、広い人たちと共有できることです。学年の先生方、専科の先生や養護の先生など、幅広く理解をしていることが大事です。もちろん、保護者との理解の共有を忘れてはなりません。

第二は、子ども理解を基にした「指導方針」を、どのように組み立てるかということです。四つのどの実践にも、指導方針や指導目標などが示されています。また、指導方針は、実践の過程で必要に応じて書き換えられていくので、どのように書き換えたかが大事です。そして、指導方針の変更がうまくいったかどうかが問われます。

四つのどの実践にも学ぶ点がたくさんあります。これから皆さんと一緒に実践を読み開き、「気になる子・困った子・困っている子」の指導について学んでいきたいと思います。

「学校は楽しい」という活動を軸として、家族の問題にも関わりながら、子どもに寄りそう

――古関勝則「気になる絵里、気になる母」(一年)を読む

〔気になる絵里〕

「気軽に話しかけてくるとても明るい子」これが、古関先生の絵里に対する最初の印象でした。気になる点もすぐに見つかりました。

「読書が大好きで、読みだすともう止まらない。勉強もよくでき、入学時にはすでにかけ算九九が言えたり、漢字の読み書きがかなりできていた。その反面、基本的な生活習慣はさっぱり身についていない。着替えは遅いというより、何かをしながら着がえているので果てしなく時間がかかる。」

と、絵里との出会いの頃の様子を伝えています。こういうタイプの子は、一年生の教室特有のものです。成長のアンバランスが顕著です。

自由奔放で、周りを気にせず、マイペースで動いているといった感じの子どもだったことがわかります。一方で、自分の思い通りにいかないと、相手をにらみつけたり、物を投げたり机を倒したりするのだともいいます。感情のコントロールができずに行動してしまう子です。

【気になる母】

古関先生は、「どうして絵里はこんなになってしまっているのか」と疑問をもちました。四月中に三回の家庭訪問をして、二つのことを知ります。

一つは、母親の姿勢。わが子が一年生なのに、もう子育てをあきらめています。強くいっても言うことを聞かず、結果、好きなことをさせてしまうのだと言います。しつけの面で、母親の指示が通らないということです。しかし、なぜか、勉強は言われた通りにします。勉強だけは、親の期待通りにしているのです。

もう一つは、管理的な幼稚園に嫌気がさして登園拒否を何度もやり、そのことで自信をなくし、投げやりになっていったということです。

この二つのことが、「絵里が自分を抑えられない理由」になっているという推測をもちました。幼年期の生い立ちの中に、さまざまな行動の由来が存在するのではないかと考えました。

表題にもなっているように、古関先生は「気になる絵里」と同時に「気になる母」にも注目したのです。絵里が、なぜ、自分を抑えられないでいるのか、母親が、なぜ、絵里の言動に振り回されているのか、両方を考えていくことにしました。

【背後にある「気になるもの」】

古関先生は、「気になる絵里」と「気になる母」の背後にある絵里の家庭環境に目を留めました。絵里と母の背後にある「気になるもの」を見つめます。

それは、絵里の家が「教育一家」だということです。

同居している絵里の祖父は、市内でも有名な元校長です。祖母も、元教員。そんな祖父母のもとにいる絵里。そして、絶えず厳格な祖父母の評価にさらされる母。気になる絵里と気になる母の背後にあるものが見えてきます。管理的な幼稚園生活に馴染めず傷ついていた絵里は、祖父母中心の家庭でも、同じように追い詰められ傷つけられていたのではないかと想像できます。勉強だけは、持って生まれた知能の高さで、家族の期待通りだったのだと思いますが、生活・行動面では、祖父母の思いとはずいぶん違っていたのでしょう。母は、絵里の生活を何とかきちんとしたいという気持ちと、絵里の特性を理解しようという気持ちの両方を抱え、葛藤していたと思います。

古関先生は、絵里の発達要求や発達課題を受け止め切れていない家族の姿に注目しました。母親が苦しい立場に置かれてきたことも理解しようとします。勉強ができるから、知能指数が高いから、その部分では評価されるから、なおさら、わがままなのは、基本的な生活習慣ができていないのは、多くは母親のしつけが悪いからということになってしまったのでしょうか。祖父母世代には、現在の子どもたちに関わる発達障害の問題を理解することは難しいことです。教育経験があってもそうだと思います。新しい学習が必要となります。現場教師の今後果たすべき大事な役割です。管理的な幼稚園生活に傷ついてしまった絵里の姿と母親のあきらめの姿勢。どちらも、背後にある「教育一家」という事情が大きかったのではないかという分析が古関先生にあったのだと思います。

古関先生は、その後、そのことをずっと忘れずに、絵里と絵里の母を見守っていきます。

「学校は楽しい」と思えるように

学級の中の「気になる子」は、絵里だけではありませんでした。虐待や発達上の問題をかかえた子どもが他にもいました。そんな中で、古関先生の立てた指導方針は、「学校だけは楽しいと思えるようにしたいと考え、いろいろな遊びやイベントを大切にする」ということでした。

「おいしいおにぎりをつくってたべよう会」「けんだま大会」「じゃんけん大会」など、楽しい取り組みをたくさん用意し、「学校は楽しい」と思える活動をつくり出します。「いもに会」などは保護者の協力をもらいました。

これだけ楽しいことをいっぱいやれたら誰だって「学校って楽しい」と思うはずです。絵里の笑顔もたくさん見られました。

母親には、楽しいイベントの中で活躍する絵里のすごさ、素晴らしさを伝えましたが、母親の反応がおかしいことに気づきます。絵里の頑張りを伝えているのに、どうして泣くのだろうと。この時すでに母親の苦悩は、一人では抱えきれないほどになっていたのだとわかります。

【母の抱えてきたつらさ】

古関先生は、母親とのていねいな対話の中から、母として抱えてきたつらさを感じ取っていきました。「絵里は言ってもだめなんです」「私の言うことなんてさっぱり聞かない」「お父さんにも口答えする」といいます。絵里の「やだー」という一言で、あきらめて好きなことをさせてしまうのだということです。そうしたことに対する、有能な教育者だったおじいちゃん、おばあちゃんの嘆きや評価が想像できます。もちろん、祖父母の態度だけを問題にするのは違うと思いますが、母の子育ての悩みに寄りそうような見方が祖父母にあれば、やがて一月になって起こるような家庭崩壊の危機は、防げたのではないかと思えました。

【絵里の活躍と成長】

古関先生は、絵里個人への指導を進めながら、並行して、一年生全員で楽しいことをどんどん実施していくという指導方針をさらに押し進めました。「絵里は自分勝手だが、やたら活動的で明るい。おとなしい子に声をかけるのもうまい」そこに目を付け、リーダーとして友達を引っ張りながら自分も我慢することを経験させていくことを目標にしました。絵里は大活躍。学級の中で存在感を増していきます。

一〇月から一二月にかけての「秘密の基地づくり」という実践は、学級集団の発展の中で見せた絵里の成長ぶりを示しています。放課後の自由参加の自主的な活動ですが、子どもたちにとっては、空想的な遊びであり、友達との交わりを育てる場でした。「秘密の基地づくり」は、自分たちの夢を実現させようとする取り組みでもありました。古関先生は、あくまでも、子どもたちの自主性を大事に見守ろうとしました。一二月上旬の心温まるエピソードは、見守る周囲の大人の温かい目線を感じます。

絵里は、こうした活動を含め、学級の中で自分の行動が認められることが多くなり、やがて、二学期後半になると乱暴な言葉が見られなくなり、基本的な生活習慣も身についてきました。リーダーとしても力をつけ、良い方向に向いていきました。

崩壊へと突き進む絵里の家庭環境の中にあって、学級の仲間との活動は絵里の心の支えであったことがわかります。そして、絵里の成長を支えたこともわかります。

〔絵里の心に寄りそいながら〕

絵里の問題は家族間の不協和音を生み出していきます。

絵里のとらえ方、対処の仕方をめぐっての不一致は、家族の間のトラブルに発展していきました。

絵里の母親は、家を出ました。「離婚を覚悟している」「絵里のもとには帰らない」と、泣きながら古関先生に伝えてきました。「絵里の子育てをめぐっても、祖父と祖母と夫がそれぞれに違ったことを言い、しつけの悪さをすべて自分のせいにされてきた」といいます。今までの長い間、苦しんできた母親の切羽詰まった訴えの行動です。

絵里の母親が実家へ戻ったという話は、一月中旬です。子どもは正直です。絵里は、一月に入ると、友達とのいざこざが急に増え、古関先生の指導が入らなくなってしまいました。子どもは、自らの抱えたつらさを自分の心と体で表現するのです。

絵里の前でどのようなトラブルを見せ、絵里に何を印象付けたのでしょうか。絵里にとっては、人生の重大問題で、心に大きな負担がかかったに違いありません。古関先生は、そんな絵里の心に寄りそいながら、絵里の家族の問題に関わり続けました。

【絵里のためにしたこと】

問題点が、おじいちゃん、おばあちゃん、お父さんの側にあったという一方的な見方は正しくないのだと思います。それぞれのあり方が問題だったのでしょう。古関先生が、そうしたスタンスで関わったからこそ、この家族の問題は、解決の方向に向かったのだと思います。

古関先生は相互の対話の必要を説き、絵里の発達要求と発達課題の把握、共有を力説していったのではないかと思います。子育てにおける共同にとっては、対話と学びの必要があるのだということ。その訴え・説得が、家庭をもう一度つくり直そうとする原点となったと思います。

対話の必要性を説き、対話のために奔走した古関先生がいたから、解決の方向に向かったのだと思います。具体的にどのように話されたのかは知ることはできませんが、「絵里のことを考えてくれるように」という訴えが、互いを歩み寄らせたのではないかと思いました。

結局、三月に祖父母と別居ということで、新しい出発となりました。

その後、学校での絵里は落ち着き、二学期の時のように明るく頑張るようになりました。母親も、元気になっていきました。新たな出発点に立てたのだと思います。子どもの発達要求と発達課題を共有していくことができたからではないでしょうか。

エスケープ・暴力・暴言に揺れる幸太の「なぜ」を読み解き、幸太の自立を励ます

——中村弘之「暴力的な幸太と仲間が織りなす学級」（三年）を読む

幸太との出会いをどうしたか？

中村先生の学級の「気になる子」は幸太。

一・二年生の時、エスケープ・暴力・暴言を繰り返し、集会や行事、授業への参加を拒否。指導が全く入らない。問題が起こるたびにケース会議が開かれ、父親が学校に呼ばれる。幸太はことばの教室に通っている。サッカー遊びをする仲間もいるが、その暴力性のために怖がられている。

以上が、受けもつことになった幸太のプロフィールです。

校内でも有名な幸太を外から見ていたことと、前担任から引き継いだこととは大きく変わらなかっ

たのかもしれません。こうなったら、相当な覚悟をもって対応していくしかないと、ふつう考えます。ところが、中村先生は、そうした逸脱行動に対する対応・対策を考えるというところとは無縁と言えるようなことからスタートしています。

中村先生は、「どんなことが彼のよろこびとなり、まわりとの信頼関係を築き上げるのか」を、一番の関心ごととしました。そのために、「彼に寄りそい、そのきっかけをつかむ」ことが必要だと考えました。ちょっとしたことでは驚かないぞという姿勢と、幸太の考えていることを丸ごと飲み込んでしまおうという構えが感じられます。エスケープ・暴力・暴言は、なぜだったのかを読み解く姿勢と、幸太のよろこびを発見し、周囲との関わりを生み出し、自己肯定感に高めていこうとする意図が学級開きの前から中村先生の中にあったことが、想像できます。

幸太との出会いは、すぐに効果を示します。どのような声かけをしたのでしょうか。幸太のやる気に注目したことで、幸太の肯定面を引き出すことができました。幸太は魔法をかけられたように、今までとは別人のように中村先生の声かけに、具体的に応えていきます。

幸太の「なぜ」を読み解いていく

最初の班ができたあと、「先生、おれリーダーになるから」と宣言。図工の学習リーダーとなりました。「得意な図工なら」と、本人も自分の得意を自覚しています。中村先生も、彼の得意やクセを知っていこうとします。このことは、実践の全体を貫いています。また、得意やクセの背後にある心の問題にも注目します。そのことも見逃しません。

幸太は授業中にもよく絵を描きます。頭がごちゃごちゃとしてきた時に絵を描くのだといいます。さっそく、中村先生は「絵をかいていたら、すぐいくからね。一緒にやろうな」と声をかけます。勉強がわからない時のつらさを掴んでいます。幸太の「なぜ」を読み解いていこうとしているのです。行為行動の裏には必ずわけがあると考えたからでしょう。

幸太の「なぜ」は、ちょっとした行動の中にも発見できます。ミニゲーム集会で幸太がみんなから離れて座っていました。中村先生は、そんな行動にも「なぜ」と考えます。幸太は言いました。「伝言ゲームのやり方がよくわからないから面白くない」と。中村先生は、読み解いた「なぜ」を、子どもたちにも知ってもらおうとしました。

読み開いた「なぜ」を、子どもたちと共有して、一緒に考えていこうとする姿勢は、その後も一貫してもち続けられました。そのことで、周囲の子どもたちが幸太に関心を寄せ、幸太の内面を読み取っていこうとする子を増やしていきました。「エスケープ・暴力・暴言を繰り返す子」「みんなとうまく関わりをもてないでいる子」として見られてきた幸太との「出会い直し」を作り出そうという意図を明確に見て取ることができます。

【幸太を変えたものは？】

読んでいて、「あれ、昨年までの幸太はどこへ行ってしまったのだろうか」と感じた人は多かったと思います。

エスケープ？　暴力？　暴言？　どこからもそれを感じられません。それは、日常の姿を見ながら多様な「なぜ」を発信し、今までのエスケープや暴力・暴言の背後にある「理由」「わけ」を読み解いたところにあるのだと思います。

二学期の終わりに、幸太に関わった女子のリーダーの一人の麻美のお母さんが「うちの子、『幸太さんは変わったよ』と言っていました」とのうれしい報告。その言葉は、中村先生の気持ちと同じだったに違いありません。

幸太の変身・成長を作り出したのは、幸太の「なぜ」を読み解いた以外に何があったのでしょうか。考えてみたいと思います。

初めにもありましたが、「どんなことが彼のよろこびになるのか」にこだわりました。そして、「周りとの信頼関係を築きあげる」ことを目標としました。すなわち「学級集団の中に居場所と出番を作り出す」ということです。中村先生は、幸太の「なぜ」を読み解きながら、幸太との「出会い直し」を仲間たちの中で広げていきました。一方で、幸太の「よろこび」をみつけ、幸太の出番と居場所を育てていったのです。

そのために注目した学級の中の活動は何だったのでしょうか。

【幸太のよろこび、仲間との関わりに注目！】

はじめに注目したのは、「切り絵」でした。

学級目標を掲示するために、一人ひとりが切り絵を作って貼るという作業をしました。その後も切り絵が学級の中でブームになります。幸太は、切り絵に興味をもち、仲間との関わりをもち始めました。

そこに注目したのです。幸太のよろこびになるような活動で、しかも、友達との関わりをつくり始めるものだったからです。

幸太は、「切り絵、使っていいよ。好きなだけ持っていっていいよ」と、学級の子たちにアピール。毎日のように、正男や麻美たちと一緒に切り絵づくりをしました。幸太の作った切り絵は、ていねいで人気があったといいます。そのうち、「切り紙集会」に発展します。物作りが、班のメンバーと幸太を結び付け、学級の子たちとの関わりも作り出しました。

班の子たちとの間での約束は守れるようになっていきます。批判したり要求したりも徐々にできるようになっていきます。班の中では対等な関係性が育っていっているのだと思います。班の中での信頼関係は育ち、「正男に勉強を教えてもらった。うれしかった」と発言するまでになります。そんな気持ちの高まりの中で、幸太は班長に立候補します。班内輪番制で班長を経験。この経験は、自分を変えていくうえで、大きかったのだと思います。

「学級内クラブ」に発展！

切り絵ブームの後に作り出した活動は、「学級内クラブ」です。幸太が工作の活動をしたいといったことが発端となって始まったということですが、偶発的に生まれたものではありません。中村先生の構想の中にあって、チャンスを待ち構えていたものです。

幸太が何をよろこびとするか、何を基にしたら他の子たちとつながれるのかという物差しにかなったのが「工作クラブ」でした。「学級内クラブ」は、同好の者が集まり自由に活動できる場ですから、幸太以外の子どもたちの要求を実現する場にもなります。

「幸太の居場所がまた一つ生まれるチャンスが訪れた」ということは、中村先生の一番のねらいを表現しています。幸太のよろこびを追いかけたからこそ、できたことです。

【学習への意欲を高める】

学習参加が思うようにできずにいる子は、授業内容についていけなかったりしている場合が大半です。その事実に目を向けずに、静かに着席していることだけを求めても、学習参加ができるようにはなりません。わからないから、集中できなかったり、苛立ったりして立ち歩いたり、妨害したり、エスケープしたりしてしまうのです。

中村先生は、幸太の学習意欲を高める取り組みを続けていきます。

学力はすぐについていくものではありませんが、学習参加の意欲は高めていくことができます。班を使っての学習集団の形成も、学習意欲を高めてくれます。「一学期まとめの会」の読み聞かせの取り組みなども、幸太の成長につながりました。

幸太は言います。

「先生、音楽も図工も算数も国語も理科も楽しいね。おれ、どんどん好きになってきたみたいだよ」

麻実や正男たちは、「先生、幸太やる気いっぱいだね」と応じます。

中村先生は「みんなのおかげだよ」と麻美や正男たちに語り、麻美たちの応援を讃えます。

中村先生の「君のことは見捨てていないからね」という幸太へのメッセージが、幸太だけでなく他の子たちへも伝わったということではないでしょうか。

【学習発表会への挑戦】

昨年の学習発表会は「立っていただけ」という幸太。

学習参加が思うようにいかなかったばかりでなく、集団活動への参加もままならなかった昨年までの様子を何とか変えてみたいという中村先生や麻美、正男たちの思いが手に取るようにわかるのが、二学期の学習発表会への挑戦です。

演目の「どろぼう学校」のどろぼう役に自ら立候補。自主練習も順調に進みました。ところが、発表会予行の朝になって「リハーサルに出ない」と言い出しました。そのあと、中村先生はどうしたか。「グループのメンバーや麻美、正男たちが、集まってきた」から、「幸太は元気を取り戻した」までの一〇行の中に秘密が隠されています。

中村先生は、幸太と学級の子どもたちとの対話に「解決」を委ねたのです。それは、これまでの幸太の成長と周りの子どもたちの成長を信じたからではないでしょうか。集団の力が、幸太を支えました。

〈信頼に支えられた要求に幸太は応えた一幕〉ということだと思います。無事予行を終えた帰りの会に、班長の麻美の提案で、幸太が「今日のＭＶＰ」に選ばれました。不安を乗り切って演じきったからだと言います。不安は自信がないことの裏返し。自信は、周囲に支えられたり、認められたりすることから生まれるのです。だから、本当のＭＶＰは麻美たちです。

「この頃からだろうか、幸太は、教室から出ることがほとんどなくなった」と中村先生は書いています。

幸太と集団の関係の一定の高まりが、幸太を支え始めた結果ではないでしょうか。

無視と排除にさらされていたフトシ、サトシを変えたのは子どもの関係、親たちの関係の変化

――今関和子「フトシっていいやつじゃん」（五年）を読む

フトシ、サトシはどんな子？

今関先生の受けもった学級には、はっきりとわかる二人の「困った子」がいました。フトシとサトシです。

フトシは、アスペルガー症候群の傾向を強くもっています。「周りの空気が読めず、大声で独り言を言ったり、場に合わないことをしたりして嫌われていた」と言います。「去年までフトシは、床にひっくり返って、手足をバタバタさせて、いつも泣き叫んでいたのよ」という音楽の先生の言葉で、いじめの対象になっていたことも想像できます。今関先生はそんなフトシが「毎日バカにされパニックを起こし、泣き叫んでいた」のではないかと推測しています。

サトシは高機能自閉症傾向。全身ひどいアトピーで、吃音があります。そんなサトシをからかいいじめる子どもたちとの関係が、フトシの場合同様に気になりました。

さらに気になったのは、フトシ、サトシの保護者と学校・教師との関係です。二人の保護者は、文化的レベルも知的レベルも高いため、クレームも威力があったと言います。フトシの母親もサトシの

母親も「怪物化したクレーマー」とみなされていました。学校の対応や教師の指導が二人の保護者の思い・願いといかにかけ離れていたかがわかります。フトシやサトシをどれだけ理解できたのでしょうか。「困りものの親子」としての四年間。五年生で今関先生が任されました。いじめと親対応のシフトクラスを作ったために、奇妙なクラスになったのだと言います。

【いじめと親対応のシフトクラスって？】

フトシとサトシを一緒にし、二人をいじめる子どもを一切離したために、幼い男子たちと早熟な女子たちでつくるクラスになったと言います。これでは、学級づくりも、困難を極めることでしょう。フトシとサトシ以外にも、「気になる子」が何人もいます。

ミユキ、ミスズ、スミレという早熟な女子たちのほかに、ADDのシゲチャン、不登校気味のマサヤ、低学力のシンゴ。そして、クレヨンしんちゃんみたいなしゃべり方をして場所をわきまえずに騒いだりするシンヤ。これらの不釣り合いな子どもたちが、フトシ、サトシと関わりながら学級の物語に登場してくるのです。どの子も欠かせない大事な登場人物として。「子どもたちみんなは宝物」と、実践記録の終わりに書いています。フトシやサトシを抱え込む集団の成長の中に「みんなは宝物」という思いが伝わってきます。

こういった実践の展開に、今関先生の子ども観、集団観，指導観が見えてきます。どのように子どもたちを見て、どのような学級をつくろうとしたのかの中に、今関先生の指導の秘密が隠されています。

【どんな学級をつくろうとしたか？】

学級が始まって驚いたことは、何人かの子どもたちは他の子どもたちの名前を憶えていないということでした。

「あの黄色いTシャツの人がぶってきました」

という言葉に、衝撃を受けた今関先生は、そんな希薄な関係がまかり通る中で、フトシやサトシが静かに避けられていくのだと思ったのです。

また、たとえ、名前を知っていたとしても、関係の希薄さを変えない限り、学級の子たちの人間関係は深まっていかないと考えたのだと思います。フトシやサトシ以外の「気になる子」たちも、無視されたり排除されたりしてしまうのだろうということです。

他者への理解が、少しでも深まっていくこと、それが相互理解の起点になるという思いで、他者理解ができるようにしたいと考えました。日常の出来事の中ではもちろんのこと、授業の中でも、格段の注意を払いました。

【それぞれの個性を尊重する価値観を育てた道徳の授業】

フトシの発想の面白さに気づき始めた時と重なり、踏み込んでみるチャンスだと思えたようでした。道徳の授業に挑みました。

自己紹介カードを書く道徳の授業。「みんな知らないだろうけど、実は私はね…」という失敗談や笑える話をワークシートに書いて、次の時間に交換して読みあうという授業展開。

フトシは「ぼくの得意技は後ろ向き手洗い。あだ名が売るほどある。夢が数えきれないほどある」と書きました。この自己紹介の授業は、たくさんの収穫があったようです。「この不思議なシフトクラスでは、それぞれの個性を尊重する価値観がふわふわと立ち上がってきた」と書いています。子どもの心にしみわたる授業となったのだと思います。自己を表現し、他者を理解する相互理解が、学級の子たちの心にしみこむ学びとなったのだと思います。

この頃から、教室ではフトシは少しずつ落ち着き、過呼吸になることも少なくなったというのですから、相互理解という学びが果たした役割を知ることができます。

【フトシ理解の中心はシンヤ】

「フトシっていい奴じゃん」と言ったのは、シンヤ。シンヤに注目したのは、今関先生。だから、フトシやサトシの成長につながったのです。サトシは、フトシの変化と連動しています。

シンヤってどういう子だったのでしょう。シンヤは、いたずらっ子。公園の滑り台の上からおしっこしたんだと先生に知られ、「何でしたの?」という問いに「面白そうだったから」と悪びれた様子もなく応えるシンヤ。みんなから尊敬されるような存在でないことは確か。こんなシンヤのどこに注目したのでしょうか。

それは、春の運動会に向けて五〇メートル走のタイムを計っていた時でした。

歩いているのではないかという走りのフトシ。そのフトシに伴走していた今関先生の耳に飛び込んできた声。「フトシ、がんばれー」の叫び声の主がシンヤでした。他の子たちがバカにするのではないかと心配していた今関先生にとっては、驚きの声援。泣きながら走ってゴールに着くフトシにシンヤが声をかけました。

「フトシ、運動しなきゃだめだぞ！」と。肩をたたいてそう言ったのです。これは、大きな発見でした。シンヤは、フトシをいじめの対象として見ていないばかりか、フトシの短所・長所もつかんでの、フトシ理解に立っていたのではないかと思えました。こういう子どもがいるものです。フトシのような子どもの理解者です。こういう子どもを発見することができるかどうかが、大事なことなのではないでしょうか。

【フトシっていい奴じゃんというシンヤの存在】

やがて、シンヤを中心にしたいたずらっ子グループは、フトシに体力をつけるんだと言い、放課後遊ぶ約束をするようになりました。公園でバットを素振りしたり、スワットをしているということでした。遊びの後は、フトシのお母さんの登場です。手作りの美味しいおやつが、仲間の輪を広げました。女子も加わっての遊びに。フトシのお母さんのお菓子人気とともに、フトシ人気は続きました。

「フトシには独特の魅力がある」という今関先生の見立ては、フトシの変化を引き出しました。その魅力は、学校の生活や学習の中で発揮されるだけでなく、放課後の遊びの中でも発揮されていったということだと思います。

「フトシは面白いんだよ。フトシっていい奴じゃん」と言うシンヤは、いち早くそのことを知っていた子であり、今関先生のフトシ理解を膨らませた子です。シンヤと今関先生が共同して、フトシの成長を育てたのだと思います。

【子どもたちの変化、親たちの変化】

フトシの家に遊びに行こうというあたりから、他の親たちもフトシの母親への見方を変え始めたと言います。フトシの周りの子どもたちの変化が、親たちの関係の変化を生み出したのだと思います。フトシに好感をもち始めたことでフトシの母親への見方も変わってきたのだと思います。親たちは、子どもたちのために家庭科室でゼリーを作ったりして、つながりを深めていきます。やがて、「フトシのお母さんの料理教室」が開かれるまでになります。親同士が、心を開き、対話し、互いの子どもへの理解が進んでいったのだと思います。今関先生にとっては、心強い応援団となっていきました。

【学芸会とその後】

二学期の学芸会の出し物は「ユタと不思議な仲間たち」。フトシは座敷童役で、フトシらしさを出しながら演じ、フトシのお母さんをよろこばせました。そんなフトシは、父が音楽家という家庭環境の中で、サックス演奏に興味をもち始めました。続いてサトシもピアノ演奏に目覚め始めたと言います。

そんな彼らを見て、今関先生は、「自分が否定されずに認められると、人は何をしたいのか積極的に考え始めるのかもしれない」といい、フトシとサトシの自分の好きなことへの出会いには驚きと感動があったと言っています。

フトシとサトシがいたから、個性的なこのクラスはできあがったのだと振り返り、彼らはクラスづくりの大事な宝物だったと結んでいます。

発達の課題を複雑に抱えた龍との出会い直しと、龍の自分づくり
――佐々木大介「オレは変わりたい」(六年)を読む

【龍はどんな子?】

龍は、どんな子だったのでしょうか。

「目立ちたがりで勝ち負けへのこだわりが強い。思い込みが激しく、都合が悪いことにはうそをつき、悔しい気持ちを我慢することができない。自分がされて嫌なことでも友だちにはする。反省はするが、同じことを何度も繰り返してしまう。友だちの気持ちを感じ取ったり、自分の気持ちを相手に伝えたりすることが難しい。パニックになると泣き叫んだり、ものを投げつけたり衝動的である」

と、龍のことが書かれています。

確かに龍は、発達障害傾向を強くもっていることがわかります。ADHDの傾向と高機能自閉症の傾向の両方を感じますが、ここで注意しなければならないのが、二次障害の問題です。なぜ、こんなにつらさをかかえているのかということです。周囲との関係がどうであったかに注目します。

ＡＤＨＤは「関係障害」ともいわれます。周りの大人や子どもたちに理解されず、叱られたり否定されたり排除されたりする中で、衝動性を強めたり、時には他者に危害を加えたりするということです。不登校やいじめの問題にもつながっていく場合があります。龍の場合そこまで深刻になっていないまでも、状況を悪化させてきていることが想像できます。

［龍の抱えた困難さをつかむ］

龍は、幼年期や、低学年期から今までの間に、おとなや子どもとの関係で、どのような扱いを受けてきたのでしょうか。そのあたりを見ておく必要があります。家族や仲間から疎んじられ、一方的な非難を受けてきた過去の経験があるかもしれません。龍の自己肯定感の低さは、周囲の大人や子どもとの関係が良好でなかったということを示しているのではないでしょうか。だとすると、もっている発達障害傾向の特性をよく見ることと、周囲との関係に問題がないかを探ることが肝心なことになります。

実際に、佐々木先生は、龍の抱えた困難さを、つかもうとしています。もともとの特性からくる困難さと、周囲の無理解からくる龍のつらさと、両方を理解しようとしていることが記述の中からわかります。

龍の行動の「なぜ?」を読み取ろうとしています。そして、龍の周りの子たちに問題はないだろうかという見方をいつも忘れていません。

【龍との出会い直し】

圭とのけんかやその後の愛とのトラブルなどの対応は、佐々木先生の指導方針の方向をはっきりと示しています。

佐々木先生は、一方的に龍の乱暴を責めていません。ケンカ両成敗という単純な対処もしていないのです。あくまでも冷静に、原因を究明しようとしました。当事者は、学級全員という考えで、全員で話し合うことをもとに、問題の解決を図ろうとしました。その際にも、トラブルを起こした子どもの行動の背景に目を向けさせるようにしました。「なぜ？」を最も大事にした点は、龍にとっても、学級の子どもたちにとっても、よかったのだと思います。龍の「いつもオレばっかり」という思いを受け止めていますし、他の子たちにしても、龍が問題を起こし教師から叱られて一件落着、という繰り返しからは何も学ぶことはできないからです。

「話し合いで解決することをクラスのルールにする」ということを、徹底していこうとした佐々木先生の集団への指導が、龍の心を開かせていったのではないでしょうか。そうした中で、佐々木先生への信頼感も育っていったのではないかと思われます。徐々に、佐々木先生と龍は互いに出会い直しをしていきます。

【龍の自分づくり】

今まで孤立していた龍が、やがて、学級活動に関心を寄せ始めます。毎月行う「誕生会」がきっかけでした。出し物やゲーム。勝ち負けを争うのでなくみんなが楽しめるゲーム。勝ち負けにこだわり、トラブルが絶えなかった龍の変化。出し物では、お笑いの出し物に夢中になり、友達との関わりが生まれていきました。

席替えの提案や誕生会を企画する班長会が龍にとっては魅力的だったのでしょう。龍は班長に立候補しますが、思いは届かず落選します。「やっぱり、オレはだめだった」「だれもオレのことなんか気にしてくれない。いつもぽっちだ」と落ち込む龍。しかし、佐々木先生は、その龍の姿に希望をもちます。

本当は、学級の中でみんなとともに活躍したかったに違いありません。プラスな自分を見せ、信頼を獲得したかったに違いありません。そんな願いをもった龍を、佐々木先生は見守ります。

班長選挙の結果で沈んでいた龍ですが、「誕生会」の出し物では、お笑いの出し物を、健と取り組みます。「面白いヤツ」という評価が登場することがきっかけで、龍への学級の子どもたちの評価が少し変わってくるのがわかります。プラスな龍を支える健の存在も大きく、新しいチャンスが浮上してきました。

次の班替え、「楽しい班にしよう」というテーマ。龍が、念願の班長に当選。その後、「オレが、オレが」の龍に変化が見られます。健に支えられていたことを知ることもできます。健がいつも我慢して譲ってくれていたことに気づき、龍は健を手本にして行動しようとしました。そして、この頃から家庭の出来事や友だちとのトラブルについての相談が見られるようになってきたと言います。龍の変化が見えてきた場面です。「自分」を見つめ始めた、「自分」について考え始めたということではないでしょうか。

気持ちが安定することが多く、感情的になって暴れることも見られなくなりました。班長としての活動の達成感によって？　教師との信頼関係が育ったから？　健だけでなく、龍の理解者が増えていったから？　どれも正解だと思います。学級の中で、居場所と出番ができたこと。教師や子どもとの信頼関係が育ったことが背景になっています。保護者の姿が見えないのは少し心配ですが、高学年で、中学生になろうとしている子どもであれば、自分の体験によって、親とは関係なしに自立の歩を進めることができるのだと思います。大人の入り口に立った思春期らしさを龍の姿の中から感じます。

【龍の心の葛藤】

龍が、「先生、オレ変わったでしょ！　前とは違うでしょ！」と佐々木先生の賛同を求めてきます。佐々木先生も「うん、前とは違う」と認める言い方をしましたが、「でも今の龍は、言われたことを直そうともしないし、気をつけようともしてないから、ちょっと心配」とつけ加えています。その通りだったのでしょうね。龍は、変わり始めている自分に気づき、まだ不十分なことにも気がついています。今まで、あまり考えなかった他者からの見られ方、評価が気になってきているのです。みんなにどのように思われているのか、気にし始めていることは、自分づくりへの転換点です。

「自分づくり」を意識していることになります。今までの自分を乗り越え、これからの自分へ挑戦しようとしています。他者の眼を意識しているということは、自分の否定的な面を克服したいという願望につながっています。

「オレは変わりたい」という龍の叫び

やがて、龍の中に激しい葛藤が起きました。高学年期らしい心の葛藤です。自立に向かうために通過しなくてはならないものなのだと思われます。

龍が「オレは変わりたい！」と自分の言葉で表現したのは三学期、卒業式が近づいたころです。これは重みのある言葉として、佐々木先生は受け止めたのだと思います。自立への叫びでしょうか。龍の自分づくりに山場が訪れたのです。「龍がおかしい」と教えてくれたのは、いつも龍のことに関心をもってくれている健でした。

龍は号泣しながら先生にしがみついてきました。ちょっと意外でしたが、それほど、龍の気持ちは切羽詰まっていたのだと理解できます。こんな求め方はそうあるものではありません。本当に助けてほしかった、わかってほしかった、何とかしてほしかったのだと思います。本当に山場です。

ここで、佐々木先生は、龍を抱きしめ、なだめて終わらせることをしませんでした。いつもやっているように、みんなに知らせ、当事者の生の声を聞かせ、みんなで一緒に考えさせようとしたのです。

それは、「オレはひねくれて、すぐいじける自分が嫌だ！」「変えたい！」「変わりたい！」と泣き叫ぶ龍に出会ったからです。これはチャンスだと思ったということですから、強く心を揺さぶられた中にも、冷静さがそうさせたのでしょう。その判断が、結果を出しました。

「龍がみんなに伝えたいことがあるから、しっかりとそれを受け止めてほしい」という呼びかけに、子どもたちは応えました。

龍の真剣な心の中からの叫び、訴えを聞いた子どもたちの心に響くものがあったからですが、思春期を迎え「自分づくり」をしている子どもたちに共通する葛藤に触れたからではないでしょうか。それぞれが自分の問題としても、受け止めることができたのです。

四時間目が終わって三〇分が過ぎても、終わろうとしなかったという様子が、この時の感動の深さを伝えています。

自分を見つめ、自分を作り直そうとしているのは、龍だけではなかったのです。共感の輪が広がりました。それぞれが自分の問題としても受け止めました。

「オレ、自分がサイテーだと思って、勝手に壁つくって心を閉ざしてた。みんな、ありがとう!」

龍の心の叫びがクラスみんなの気持ちを揺り動かし、本音を引き出したのだと、佐々木先生は結んでいます。

おわりに

朝が来ました。静かな音楽が流れています。わたしのうちは毎朝、CDを流しています。今朝はピアノ曲です。夕方帰ると水の流れるCDやゆったりした歌詞入りの曲を選びます。こうやって、穏やかな時間をつくります。穏やかな時間は、自分を取り戻すのに最適です。

では、子どもたちは穏やかな時を過ごしているのでしょうか。朝起きた時から急がされ、家を出る前に「忘れ物はないの」と確かめられ、登校する際には地域の人に「元気にあいさつ」するように学校でしつけられ、やっと教室に着くと宿題のチェックが待っている。こんな生活は、心豊かな子どもを育てるのとは真反対な方向に進んでいくように思えます。子どもたちを苛立たせ、気になる子にしている。そうしたのは学校であり社会であり、困っているのは先生や保護者、そしてなにより子どもたちです。

今回のタイトル「気になる子と学級づくり」には、気になる子と教師の関わりも大事だけれど、それに終始することなく、まわりの子ども同士の関わりをつくることが大切です。子ども同士をつなぐ実践をしましょうというメッセージを込めました。

暴れる子や落ち着かない子、発達障害をもっている子などが気になる子の事例として本書では登場します。けれど、わたしが最も気になるのは、思っていることが言えない子です。それは、幼い頃のわたしだからです。小学校一年の時、突然熱が出て国立病院に入院しました。十万人にひとりの扁桃腺と言われ、手術しました。

けれど、熱は相変わらず出て、退院の許可は何度も取り消され四か月近く入院し、クリスマス前にやっと退院しました。二学期の終業式だけ母と一緒に登校しました。グラウンドを歩くときの不安な気持ちを今も覚えています。それからおとなしい、思っていることを表現できない子どもになった気がします。それは、クラスのみんなはとても仲良しで、ポツンとわたしだけ輪の外にいるように思えたのです。

そんなことがあってか、教師になった時、乱暴な子を変な子だなとは思いましたが、「うらやましい」とも思いました。わたしとは違う、なぜこんな表現ができるんだ！と、感心した記憶があります。

子どもたちのちょっとした問題行動は、実は表現であり、それまで奪わないでほしいと思います。行動を読み取る教師や子どもたちがいれば、穏やかに自分を表現することができるようになるはずです。その過程を示したのがこの本であり、まわりを育て気になる子をクラスの仲間にしていくことを学級づくりと呼びます。

「いろんな子に出会いたい。自分と違う子どもに会いたい」と、いつも思います。どうして今のような子になったのか、興味があるからです。それは、自分がどうしてこんな人間になったのか、見えてきそうな気がするからです。子どもを見ながら、自分が見えてくるのが教育の深いところです。

子どもを見ながら、人間とは何かを考えたいと思います。「わたしの仕事は人間を知ること」と、いつか答えてみたいです。

＊　＊　＊

今回は、ふたりの方に新しく参加していただきました。ひとりは宮城県仙台市の佐々木大介さんです。

身長が一八〇センチを軽く超えるあしながおじさんです。仙台の教育研究会や組合でも活躍され、大介さんのまわりには二〇代の若い教師がいつもいっぱいいます。若い人が苦労していると放っておけず、かと言って押し付けがましくないのが人気の秘密のようです。その特徴を十分に出して実践を載せてくれました。

もうひとりは、大分県に住む加嶋文哉さんです。不登校を考える親の会を大分県各地で主催し、八二七回を超える例会を開いています。悩みをもつ親とともに泣き、ともに笑う例会に参加しましたが、彼への信頼は驚くほど大きかったです。不登校の子どもが、「ぼくには必要な時間だった」と過去の自分を振り返り、語ったことを加嶋さんから聞いた時、人間にはそれぞれ流れる時間があるんだなと思いました。

このふたりに加え、シリーズの特徴である若い世代の躍動的なコラム。楽しく変化をつけることができました。新潟県の望さんは、新採用の時からの知り合いで毎回の参加です。保護者に慕われ教師として着実に成長しているのが伝わってきます。熊本県の真衣さんも毎回の参加で、なにより写真が楽しい。しかも熊本弁の使い方が「うまかー」。その上、どこまでも優しい子どもへの眼差しがいい。はるかさんは、生粋の東京の人です。全国生活指導研究協議会の福島大会で知り合いました。今の時代にこんなひたむきな都会の人がいるんだと驚きました。仙台の彩香さんは福島県出身で東北の震災の時に大学四年生でした。それまで聞いていた原発の安全性はなんだったんだろうと教職員組合に入り、自分で情報を集めることにしたそうです。最後は、神奈川で働く滋賀県出身の知久沙さんです。支援の必要な子と学級の子どもたちをつなぐにはどんな実践がいいのか、大好きなシューマイを食べながらいつも考えているそうです。

この人たちが、はじめての学級づくりシリーズを通して成長し、長い実践記録や実践例を書いてくれるようになれば、シリーズの役割が果たされ、新しい学級づくりの時代が到来しそうな予感がします。

＊　＊　＊

学級づくりには方法がある。班をつくり、班をつくればリーダーがいる。だけどリーダーが勝手に決めてしまえば民主主義じゃない。だから話し合いがいるんだと、このシリーズは進めてきました。とうとうシリーズは、五巻までやってきました。ひとえにシリーズを企画してくださった大和久勝先生のおかげです。北海道から沖縄まで、実践をもとにご協力してくださった主筆者のみなさん、本当にありがとうございます。

そして、学級づくりの方法を全国に広めたいという趣旨にご理解いただき、ご協力くださったクリエイツかもがわの田島英二さん、構成や内容、装丁等を考えてくださった伊藤愛さん、本当にありがとうございました。

朝のCDが今は違う曲になりました。心穏やかに暮らせれば、もめごとはきっと少なくなる。しあわせな思い出があれば、少しは我慢もできるでしょう。あなたが曲になり、思い出になり、子どもたちの気持ちを穏やかにしてあげることはできませんか。

この本が、きっとあなたに何かを語りかけてくれるはずです。

二〇一八年　六月一六日

丹野　清彦

● **執筆者**

今関　和子（いまぜき　かずこ）第１章4、5、8、9、第２章３
東京都の小学校で長く働き、現在は大学で教えている。趣味・声楽。オペラアリアを楽しむ。代表的な著書に『保護者と仲よくする５つの秘訣』（高文研）、『どうする？これからの道徳』（クリエイツかもがわ）がある。

小野　晃寛（おの　あきのり）コラムコメント
松岡修造の熱血指導に憧れ教員の道を目指す。大分大学卒業後、小学校にて働き始める。大切にしている言葉「今を生きる」。

小田原典寿（おだわら　のりひさ）コラムコメント
高知大学教育学部卒業。高知県内の小学校に勤務。趣味は熱帯魚とベランダ菜園。今はレッドビーシュリンプ（観賞用えび）の繁殖に挑戦中。

加嶋　文哉（かしま　ふみや）第１章６
教育・不登校研究所「明日《あした》が見える」所長。星の会（不登校を考える親の会）の代表。著書に『不登校の子どもに何が必要か』（共著・慶應義塾大学出版会）がある。趣味は手品。

古関　勝則（こせき　かつのり）第１章10、第２章１
福島大学、明星大学大学院卒業。福島市内の小学校勤務。主な著書に『子どもが主人公となる学校を』（明治図書）、『学級担任ハンドブック小学１年生』（たんぽぽ出版）、『誰もが幸せになる学力を』（クリエイツかもがわ）など。

佐々木大介（ささき　だいすけ）第１章７、第２章４
仙台市の小学校に勤務する。教職員組合の役員をする一方でテニスを楽しむ。朝はバナナとリンゴのフルーツジュースを飲み一日が始まる。

髙橋　孝明（たかはし　たかあき）コラムコメント
北海道旭川市の学校に勤務。富良野で勤務していたときに田中邦衛さんとサウナで話したことが最高の思い出。好きな言葉「ピンチこそチャンス」。

中村　弘之（なかむら　ひろゆき）第２章２
金沢大学を卒業し、富山県の小学校に勤務。山登りの好きなアウトドア派で、時にクラスの子どもを連れてキャンプする。

コラム
井上知久沙・近藤　彩香・鈴木はるか・鳥取　真衣・長谷川望

●編著者

大和久 勝（おおわく まさる）
1945年東京生まれ。1968年早稲田大学教育学部卒業。2005年3月まで東京都の小学校教諭。現在、國學院大學講師、全国生活指導研究協議会常任委員。
主な著書に『アパッチの旗』（明治図書）、『「ADHD」の子どもと生きる教室』『共感力―「共感」が育てる子どもの「自立」』『困っている親と困っている教師―対立から共同へ』（以上新日本出版社）、『困った子は 困っている子』『発達障害の子どもと育つ―海ちゃんの天気 今日は晴れ』『対話と共同を育てる道徳教育』『どうする？これからの道徳―「教科」道徳への対抗軸を探る』（以上クリエイツかもがわ）。第3章

丹野 清彦（たんの きよひこ）

大学を卒業後小学校教諭になる。俳優・西田敏行さんのお兄さんと出会い、子どもとの関わり方や学級づくりの方法を学ぶ。大分県の小学校で長く働き北海道へ移住する。現在は琉球大学大学院教授。全国生活指導研究協議会研究全国委員。
主な著書に『子どもの願い』『今週の学級づくり』『子どもをハッとさせる教師の言葉』『少年グッチと花まる先生』『子どもと読みたい子どもたちの詩』（以上高文研）などがある。
第1章1、2、3、コラムコメント

はじめての学級づくりシリーズ5
気になる子と学級づくり
2018年7月10日　初版発行

編　著●大和久 勝・丹野 清彦

発行者●田島 英二
発行所●株式会社 クリエイツかもがわ
〒601-8382　京都市南区吉祥院石原上川原町21
電話 075(661)5741　FAX 075(693)6605
ホームページ　http：//www.creates-k.co.jp　郵便振替　00990-7-150584

デザイン・装丁●菅田　亮
イラスト●山岡　小麦
印刷所●モリモト印刷株式会社

ISBN978-4-86342-236-0 C0037　printed in japan